Volker Michels

»Meine noble Ruine«
Hermann Hesse in der Casa Camuzzi

Edition
Fondazione Hermann Hesse Montagnola

Herausgegeben von
Regina Bucher

Italienische Übersetzung
Manuela Cattaneo

Volker Michels

«La mia nobile rovina»
Hermann Hesse in Casa Camuzzi

Edizione
Fondazione Hermann Hesse Montagnola

A cura di
Regina Bucher

Traduzione italiana a cura di
Manuela Cattaneo

> Blick auf Montagnola, ca. 1950
> Vista su Montagnola, 1950 ca.

Regina Bucher
Fondazione Hermann Hesse Montagnola

Regina Bucher
Fondazione Hermann Hesse Montagnola

Vorbemerkung

»Dies schöne, wunderliche Haus hat mir viel bedeutet und war in mancher Hinsicht das originellste und hübscheste von allen denen, die ich je besaß oder bewohnte«, schrieb Hermann Hesse 1931 wehmütig im *Kurzgefassten Lebenslauf*, kurz bevor er die Casa Camuzzi nach zwölf Jahren verliess und in die neu erbaute Casa Rossa umzog.
Oft fragen die Besucher des Museums, welches unmittelbar neben der Casa Camuzzi eingerichtet ist, nach diesem verwunschenen Palazzo und möchten mehr über Hermann Hesses Zeit in diesem Haus und dessen Einfluss auf sein künstlerisches Werk erfahren.
Volker Michels ist es gelungen, diese so wichtige Periode im Leben und Werk des Dichters nachzuzeichnen. Dabei erfährt man nicht nur Interessantes über Hermann Hesse, sondern auch über seine Gefährten, Besucher und Mitbewohner, die in der anschaulichen Darstellung für den Leser lebendig werden.

Der Dank der Fondazione Hermann Hesse Montagnola gilt dem Autor für seine wertvolle Arbeit, der Familie Hesse für die Rechte an den Illustrationen sowie der Ulrico Hoepli-Stiftung und der Deutschen Bank (Schweiz) AG für die finanzielle Unterstützung, ohne die diese Publikation nicht hätte erscheinen können.

Introduzione

«Questa bella, magnifica casa, ha significato molto per me e per certi versi è stata la più originale e la più graziosa di tutte quelle che ho posseduto o nelle quali ho abitato», così scrive commosso Hermann Hesse nel 1931 in *Breve cenno autobiografico* poco prima di lasciare Casa Camuzzi, dopo averci vissuto per dodici anni, e di trasferirsi nella Casa Rossa appena costruita.
I visitatori del Museo, il quale sorge direttamente a fianco di Casa Camuzzi, chiedono spesso di questo incantato palazzo e desiderano conoscere più dettagli del periodo in cui Hermann Hesse vi ha vissuto e dell'influsso che esso ha avuto sul suo lavoro artistico.
Volker Michels è riuscito a descrivere questo periodo così importante per la vita e per l'opera del Poeta. Troviamo in questa pubblicazione non solo elementi interessanti su Hermann Hesse, ma anche sulle sue amicizie, sui visitatori e i coinquilini, i quali, sembrano prendere vita per il lettore in questa chiara descrizione.

Il ringraziamento della Fondazione Hermann Hesse Montagnola va all'autore per il suo eccellente lavoro, alla Famiglia Hesse per i diritti delle illustrazioni che accompagnano questa pubblicazione, alla Fondazione Ulrico Hoepli e alla Deutsche Bank (Svizzera) SA per il sostegno finanziario, senza il quale questa pubblicazione non avrebbe potuto apparire.

< Die Casa Camuzzi, Blick vom Garten
< Casa Camuzzi, vista dal giardino

Ein märchenhaftes Domizil hätte der Dichter wohl kaum finden können, als er im April 1919 als »ein kleiner, abgebrannter Literat, ein abgerissener und etwas verdächtiger Fremder«[1] in die Südschweiz kam, um sich endgültig hier niederzulassen. Erschöpft von den Zerreißproben des Ersten Weltkrieges, den er – verschrien als Nestbeschmutzer und vaterlandsloser Gesell – in Bern mit dem Aufbau einer Zentrale für Kriegsgefangenenfürsorge verbracht hatte, traf er hier ein.

»Wie aus Angstträumen aufgewacht, aus Angstträumen, die Jahre gedauert hatten«[2], sog er die wieder gewonnene Freiheit ein, die Luft, die Sonne, die Einsamkeit, die Arbeit. Hinter ihm lag eine aufreibende Psychoanalyse, und noch immer führte er unter dem Decknamen Emil Sinclair, den er sich 1917 zugelegt hatte, um den Angriffen der Kriegstreiber zu entgehen, ein Leben mit doppelter Identität. Auch ihm, der nie Uniform trug, noch zum Militär eingezogen wurde, hatte der Krieg alles, was vorher einigermaßen im Lot war, zerstört. Kaum war nach eineinhalbjähriger Psychoanalyse seine eigene Krise durchstanden, da befiel seine Frau im Oktober 1918 eine so gravierende Gemütskrankheit, dass sie, mit Rückfällen bis ins Jahr 1925, in drei verschiedenen Heilanstalten untergebracht werden mußte. Auf Hesses Initiative hin hatte sich der Psychoanalytiker C. G. Jung, der ihm seit der Niederschrift des *Demian* persönlich bekannt war, ihrer angenommen, und im Februar 1919 war nach einer Besprechung mit ihrem Arzt in der Heilanstalt von Küsnacht die Entscheidung gefallen, »daß für die Zukunft eine Trennung in der Weise nötig ist, daß meine Frau die Kinder versorgt, ich aber ganz meiner Arbeit lebe, also nicht bei meiner Familie. Jedenfalls werden wir es einmal auf diese Art versuchen. […] Bei unsern Umständen, und bei dem Befinden meiner Frau, ist an Scheidung nicht zu denken. Mir läge daran auch nichts, da ich den Irrtum meiner Ehe nicht bei meiner Frau suche, sondern nur bei mir.«[3] Aber schon bald stellte sich heraus, dass es Mia Hesses Verfassung unmöglich machte, für die sieben-, neun- und dreizehnjährigen Söhne zu sorgen, die daraufhin

Difficilmente il Poeta avrebbe potuto trovare un domicilio più fiabesco, allorché nell'aprile del 1919 arrivò, «un piccolo scrittore bruciato, uno straniero malridotto e alquanto sospetto»[1], nella Svizzera italiana per stabilirsi in modo definitivo. Arrivò in Ticino esaurito dalle dure prove del periodo bellico, da lui trascorso a Berna – diffamato quale traditore e scapestrato senza patria – occupandosi dell'istituzione di una centrale per l'assistenza dei prigionieri di guerra.

«Come ridestato da incubi, da sogni angosciosi durati per anni»[2] egli godette profondamente della libertà recuperata, dell'aria, del sole, della solitudine, del lavoro. Dietro di lui un'estenuante psicoanalisi. Ancora sotto lo pseudonimo di Emil Sinclair, che assunse nel 1917 per sfuggire agli attacchi dei difensori della guerra, conduceva una vita con una doppia identità. Anche per lui, che mai indossò un'uniforme, né fu mai mandato al fronte, la guerra non risparmiò la distruzione di ciò che fino ad allora, in una certa misura, era stato in equilibrio. Aveva appena superato la sua propria crisi, dopo sei mesi di psicoanalisi, quando sua moglie nell'ottobre 1918 ebbe un grave esaurimento e, con diverse ricadute fino al 1925, dovette essere ricoverata in tre diverse case di cura. Su iniziativa di Hesse, lo psicoanalista C. G. Jung, da lui conosciuto personalmente già dai tempi della stesura del *Demian*, si prese cura di lei e nel febbraio del 1919, dopo un colloquio con il suo medico nel sanatorio di Küsnacht, fu deciso «che per il futuro si profila necessario in questo senso un divorzio; che mia moglie si occuperà della cura dei figli e che io vivrò pienamente il mio lavoro, quindi non presso la mia famiglia. In ogni caso ora proviamo in questo modo. […] Date le nostre condizioni e lo stato di salute di mia moglie, una separazione non è pensabile. Anch'io non ci terrei affatto, poiché non cerco in mia moglie l'errore del mio matrimonio, bensì in me stesso.»[3] Ma risultò ben presto evidente che le condizioni di salute di Mia Hesse le rendevano impossibile occuparsi dei figli di sette, nove e tredici anni, i quali dovettero perciò essere dati in affidamento presso amici, o alloggiati in un collegio. Fino alla metà di aprile del 1919, cioè fino

< Hermann Hesse auf dem Balkon seiner Wohnung in der Casa Camuzzi, 1923
< Hermann Hesse sul balcone del suo appartamento nella Casa Camuzzi, 1923

Gartenseite der Casa Camuzzi, ca. 1900
Lato giardino della Casa Camuzzi, 1900 ca.

bei Freunden und Pflegeeltern in Pension bzw. in einem Landerziehungsheim untergebracht werden mussten. Bis Mitte April 1919, bis zum Abschluss seiner Tätigkeit für die Kriegsgefangenenfürsorge, aber hatte Hesse im verwaisten Berner Haus zu bleiben. Wo er sich künftig niederlassen würde, war zunächst noch offen. Neben dem Tessin dachte er an eine »stille hübsche Dichterwohnung von zwei bis drei Stuben in einem Garten« unweit von Zürich, an eine Klause in den Bergen oder vielleicht an die Rückkehr nach Deutschland. Denn, so schrieb er am 15. März 1919 an Alfred Schlenker: »Seit der Kaiser fort ist und eine anständige Gesinnung kein Landesverrat mehr ist, bin ich ja wieder im Kurs«.[4]

Letztlich aber überwog seine Sympathie für den Süden, waren doch alle seine freiwilligen Reisen, wie er 1924 im Kurzgefaßten

alla conclusione della sua attività a favore dei prigionieri di guerra, Hesse dovette restare nella casa di Berna, ormai abbandonata dalla famiglia. Laddove si sarebbe stabilito in futuro era ancora da decidere. Oltre al Ticino pensava ad «un calmo e grazioso appartamento per un poeta, di due fino a tre locali, in un giardino» non lontano da Zurigo, ad un eremo di montagna o, forse, al ritorno in Germania. Poiché così scrive a Alfred Schlenker il 15 marzo del 1919: «Da quando l'imperatore se ne è andato e un decoroso modo di pensare non è più considerato tradimento, sono di nuovo in gioco».[4]

All'ultimo prevalse la sua simpatia per il sud, tutti i suoi viaggi liberi erano stati diretti al sud, poiché, come scrisse nel 1924 in *Breve cenno autobiografico*, la temperatura nell'ora della sua nascita in luglio è ciò che ha sempre inconsciamente

Lebenslauf schrieb, nach Süden gerichtet, da er die Temperatur seiner Geburtsstunde im Juli unbewusst sein »Leben lang geliebt und gesucht und, wenn sie fehlte, schmerzlich entbehrt« hatte.[5]

Nach Ostern 1919 war er im Tessin eingetroffen, wo er bis zum 10. Mai unweit von Lugano – vermittelt durch seinen Musikerfreund Volkmar Andreä – eine bescheidene Unterkunft über dem Muzzaner See in Sorengo fand. Bis er im drei Kilometer entfernten bergaufwärts gelegenen Nachbardorf Montagnola die verwunschene Casa Camuzzi entdeckte, vergingen nur vierzehn Tage.

Es war wie im Märchen: Ein Palazzo mit bizarren, verschlungenen Formen, runden und ovalen Fenstern in den Treppengiebeln und grotesken bis fratzenhaften Stuckaturen, eine Miniatur-Residenz, die sich im 19. Jahrhundert einer der Tessiner Baumeister nach seiner Heimkehr aus St. Petersburg von den Honoraren gestaltet hatte, die ihm die Ausstattung der Zarenschlösser einbrachten. In ihrer »verzwickten und launischen Architektur«, vor allem aber in ihrer unverwüstlichen Hinfälligkeit hatte diese »noble Ruine«, wie Hesse sie bald nannte, für ihn etwas Wahlverwandtes. Es sei ein altes, großes und unverwechselbares Haus, »dessen Familie einst reich war und es jetzt nimmer ist«, schrieb er im Januar 1920 an Ludwig Finckh, »so daß nun diverse Leute darin wohnen.«[6] Auch eine Enkelin des Erbauers, die verwitwete Margherita Camuzzi, mit ihren beiden klavierspielenden Töchtern hausten darin. Und wie eine Fügung stellte es sich heraus, dass im Obergeschoss des Ostflügels vier kleine Stuben leer standen, die ihres desolaten Zustandes wegen, zu einem Spottpreis zu mieten waren. Mochte auch der Putz von den Wänden bröckeln und die Tapeten in Fetzen hängen, der Ausblick von diesem »hochgelegenen Vogelnest« war unvergleichlich.

Das größte der Zimmer mit einem barocken Kamin und einer halbrunden Flügeltür, die auf einen kleinen Steinbalkon mündete, gab einen phantastischen Blick auf den steil abfallenden Terrassengarten frei, einen wahren Dschungel von tropischen Gewächsen und Bäumen, deren Kronen die schmiedeeiserne

Hermann Hesse mit Rosetta und Leopoldina Camuzzi, April 1923
Hermann Hesse con Rosetta e Leopoldina Camuzzi, aprile 1923

«durante tutta la vita amato e ricercato e, quando mi è mancata, ne ho sentito dolorosamente la privazione».[5]

Dopo la Pasqua del 1919 arrivò in Ticino, dove il 10 maggio – su indicazione dell'amico musicista Volkmar Andreä – trovò un modesto alloggio a Sorengo, nelle vicinanze di Lugano presso il lago di Muzzano. Passarono solo quattordici giorni prima di scoprire l'incantata Casa Camuzzi, a tre chilometri di distanza, nell'adiacente villaggio in collina di Montagnola.

Fu come in una fiaba: un palazzo con delle bizzarre forme intrecciate, finestre ovali e rotonde nel frontone a gradini e stucchi grotteschi, addirittura distorti, una residenza in miniatura, disegnata nel XIX secolo da uno dei costruttori ticinesi di ritorno da S. Pietroburgo con gli onorari percepiti grazie all'arredamento dei castelli degli zar.

Der Garten der Casa Camuzzi
Il giardino di Casa Camuzzi

Einfassung überwölbten: Kamelien, Palmen, Feigen, Lianen, Spiräen, Glyzinien, Rhododendren, Magnolien und, damals gerade in voller Blüte, ein mächtiger Judasbaum. Spontan und nicht zuletzt dieses Balkönchens wegen, hat Hesse sich entschlossen, die Wohnung zu mieten. Denn es ersetzte ihm einen Garten. Die Flügeltür, die er künftig von Mai bis September Tag und Nacht geöffnet hielt, brachte Natur, Licht und Leben in den größten der Räume, der fortan sein Studio werden sollte. Und für das Sonnenbaden in der Mittagsstunde geradezu geschaffen, war eine große verwinkelte Terrasse am anderen Ende der Wohnung. Über eine türmchenbesetzte Steinbrüstung hinweg gab sie einen großartigen Blick auf die kastanienbewachsenen Bergpyramiden frei, welche die Seebucht von Lugano einfassen. Die vier Stuben selbst waren

Nella sua «intricata e bizzarra architettura», ma soprattutto nella sua indistruttibile decadenza, questa «nobile rovina», come presto la soprannominò, ebbe per lui qualcosa di affine. Era un vecchia, grande e inconfondibile casa, «la cui famiglia una volta fu ricca, ma ora non lo è più», scriveva nel gennaio del 1920 a Ludwig Finckh, «così che ora ci vivono diverse persone»[6], anche una nipote del costruttore, la vedova Margherita Camuzzi, con le sue due figlie pianiste. E come per combinazione, al piano superiore dell'ala est si liberarono quattro piccole camere, che a causa delle loro desolanti condizioni erano date in affitto ad un prezzo ridicolo. Si scrostasse pure l'intonaco dalle pareti e la tappezzeria cascasse a brandelli, la vista da questo «nido d'uccelli» era incomparabile.
La più grande delle camere, con un camino barocco e una

Terrasse der Wohnung von Hermann Hesse mit Blick auf den Luganer See
Terrazza dell'appartamento di Hermann Hesse con vista sul lago di Lugano

notdürftig und einfach möbliert, sodass sich Hesse von seinem Berner Hausrat, ausgenommen den stattlichen handgefertigten Schreibtisch aus rustikalem Fichtenholz, seinen liebsten Büchern und einigen Regalen dazu, nichts kommen lassen brauchte. Seine Berner Bibliothek hatte er in den Monaten zuvor schon etwa auf die Hälfte reduziert. Doch waren es immer noch dreiundzwanzig Bücherkisten, die in Pferdefuhrwerken vom Luganeser Bahnhof hinauf nach Montagnola geschafft werden mussten. Kaum waren diese Dinge verstaut, stürzte er sich in die Arbeit. Sein erstes illustriertes Skizzenbuch *Wanderung*[7], das die Grenzüberschreitung von Nord nach Süd, die Abkehr von der ›Vita activa‹ zur ›Vita contemplativa‹ und seine Wandlung vom Bürgerlichen zum Vaganten und Abenteurer schildert, hatte Hesse bereits von Sorengo aus seinem Berliner Verleger geschickt.

porta ad arco a due ante, dava su un piccolo balcone in pietra, il quale offriva una vista fantastica sul giardino terrazzato, una vera giungla di piante e alberi tropicali le cui corone avvolgevano la recinzione in ferro battuto: camelie, palme, fichi, spiree, glicini, rododendri, magnolie e un possente albero di Giuda, a quel tempo in piena fioritura. Spontaneamente, e anche grazie a questo balconcino, Hesse si decise a prendere in affitto l'appartamento. Il balcone gli sostituiva il giardino. La porta a due ante, che lui teneva aperta notte e giorno da maggio a settembre, gli offriva natura, luce e vita nella più grande delle stanze, che ben presto sarebbe diventata il suo studio. E sembrava creata appositamente per i bagni di sole nelle ore del mezzogiorno, una grande terrazza al lato opposto dell'appartamento. Aldilà di un parapetto di pietra merlettato

Mitte Mai 1919.

Meine Adresse lautet jetzt:

Montagnola bei Lugano
(Schweiz)

Hermann Hesse.

Benachrichtigung von Hermann Hesses Umzug, 1919
Annuncio di Hermann Hesse dopo il trasloco, 1919 [Metà Maggio 1919.
Il mio attuale indirizzo: Montagnola vicino a Lugano (Svizzera) Hermann Hesse.]

Nun galt es, das Mehrfachleben zu vereinbaren, das er einerseits als zeitkritischer Literat – dessen Pseudonym Emil Sinclair erst ein Jahr später aufgedeckt werden sollte –, andrerseits als entwurzelter Familienvater, Maler und Dichter führen wollte. Harmoniebedürftig wie Hesse gerade in Zeiten abrupter Kurskorrekturen stets gewesen ist, machte ihm das Schicksal derer, die er dabei verletzen und zurücklassen musste, jedesmal schwer zu schaffen. Waren die Befreiungsversuche in seiner Kindheit und Jugend noch vergleichsweise unschuldig (als Lösung aus der Enge einer pietistischen Bevormundung, die von außen kam), so war seine Ehe und die Kinder, die daraus hervorgingen, eine selbstverantwortete Entscheidung, an deren Scheitern er sich nicht unschuldig fühlen konnte. Nur wenn es ihm gelang, das Unausweichliche seines Verhaltens glaubhaft zu machen, konnte er selbst und vielleicht auch die Angehörigen damit leben. So war es kein Zufall, dass er für die Darstellung der dramatischen Veränderungen, die sich daraus ergaben, die zugespitzte Erzählform der Novelle wählte, die erste und einzige, die er je schrieb, *Klein und Wagner*. Nicht mehr das Nebeneinander von Hesse und Sinclair, das seine Doppelexistenz im Krieg bestimmt hatte, schlug sich darin nieder, sondern die drückende familiäre Krise, die Gewissensqual eines Schuftes, der seine Familie im Stich gelassen hatte, und eines Künstlers mit fadenscheiniger Legitimation. Die Vorstellung, seine Frau und die gemeinsamen Kinder auf dem Gewissen zu haben und vor dieser Tat geflohen zu sein, ist das Thema der Novelle und wird dort als vierfacher Mord geschildert. Begangen hat ihn der Beamte Klein, der sich mit gefälschten Papieren unter dem Decknamen Wagner den Folgen seines Verbrechens zu entziehen sucht. Dass dies bei einem wirklichen Mörder keinen guten Ausgang nehmen konnte, wurde Hesse während der Niederschrift trotz allem Einfühlungsvermögen in Klein und Wagners Lage so klar, dass ihm die Arbeit daran wie ein Umgang mit Zyankali vorkam. Er sei, schrieb er nach Beendigung der Novelle an Carl Seelig, krank und halb irrsinnig vor Leid, zu sich selbst zurückgekommen und müsse vor allem das, »was ich früher

la terrazza offriva una fantastica vista sulle piramidi di montagne coperte di castani che circondavano il golfo di Lugano. Le quattro stanze erano ammobiliate in modo semplice e spartano, cosicché Hesse non ebbe bisogno di farsi portare nulla dalla sua casa di Berna, ad eccezione dell'imponente scrivania di legno d'abete grezzo fatta a mano, dei suoi libri preferiti ed alcuni scaffali.

Nei mesi precedenti aveva già ridotto di metà la sua biblioteca bernese. Vi erano tuttavia ventitre casse di libri che dovevano essere trasportate con i cavalli dalla stazione di Lugano a Montagnola. Appena queste cose furono arrangiate, si gettò nel lavoro. Ancora a Sorengo, Hesse aveva spedito al suo editore berlinese il suo primo libro illustrato *Voglia di viaggiare*[7], il quale narra del superamento dei confini da nord a sud, dell'abbandono della vita attiva per la vita contemplativa e della sua trasformazione da borghese a vagabondo e avventuriero. Ora si trattava di conciliare la sua complessa vita, nella quale egli desiderava essere da una parte il letterato critico rispetto ai tempi – il cui pseudonimo Emil Sinclair sarebbe stato svelato solo un anno dopo – e dall'altra lo sradicato padre di famiglia, pittore e poeta.

Hesse, che specie in tempi di bruschi cambiamenti di rotta sentiva sempre molto il bisogno di armonia, non prendeva alla leggera il destino di coloro che feriva e lasciava indietro. I tentativi di liberazione della sua infanzia e gioventù potevano essere relativamente inconsapevoli (risposta alle ristrettezze di un'educazione pietista, che veniva dall'esterno), ma il suo matrimonio e i figli erano una scelta consapevole, del cui fallimento non poteva sentirsi non colpevole. Solo quando riuscì a rendere credibile l'inevitabilità del suo comportamento, lui stesso, e forse anche i membri della sua famiglia, riuscirono a conviverci. Non è stato dunque un caso che per la rappresentazione dei cambiamenti drammatici che ne conseguirono, scelse, per la prima e unica volta, la forma narrativa pungente della novella, *Klein e Wagner*. Non più la coesistenza di Hesse e Sinclair, che aveva determinato la sua doppia esistenza durante la guerra, bensì la pesante crisi famigliare, il tormento

weggelogen oder doch verschwiegen hatte, anschauen und anerkennen, alles Chaotische, Wilde, Triebhafte, ›Böse‹ in mir. Ich habe darüber meinen früheren schönen harmonischen Stil verloren, ich mußte neue Töne suchen, ich mußte mich mit allem Unerlösten und Uralten in mir selber blutig herumschlagen – nicht um es auszurotten, sondern um es zu verstehen, um es zur Sprache zu bringen, denn ich glaube längst nicht mehr an Gutes und Böses, sondern glaube, daß alles gut ist, auch das, was wir Verbrechen, Schmutz und Grauen heißen. Dostojewski hat das auch gewußt. [...] Je weniger wir uns vor unsrer eigenen Phantasie scheuen, die im Wachen und Traum uns zu Verbrechern und Tieren macht, desto kleiner ist die Gefahr, daß wir in der Tat und Wirklichkeit an diesem Bösen zugrund gehen.«[8]

Friedrich Klein, alias Wagner, ist daran gescheitert. Sein Erfinder überlebte dank der Übertragung seines Leidens in diesen Spiegel; und die Bilanz, die er daraufhin in einem Brief vom 31. August 1919 an Georg Reinhart zog, hat etwas vom Erwachen aus einem Alptraum: »Aber ein Gutes, einen großen Segen haben solche Zeiten, wie ich sie seit Monaten durchlebe: eine Glut und Konzentration der künstlerischen Arbeit, die man im Wohlsein nie erreicht. Mit dem Gefühl, im Kern seiner Existenz brüchig zu sein und nicht mehr mit langer Dauer rechnen zu dürfen, nimmt man seine Kraft zusammen wie ein alter Baum, der vor dem Umbrechen noch einmal Laub treiben und sich in Samen verewigen will. Ich habe hier viel und gut gearbeitet und habe noch mehreres vor, wichtige und zum Teil aufregende Dinge, wenigstens für mich. Ich habe die Sünden mancher früherer Jahre, in denen es mir zu gut ging, abgebüßt und versucht, im Geistigen und Künstlerischen den Schiffbruch wieder auszugleichen, den ich im persönlichen und bürgerlichen Leben erlitt.«[9]

Im Mai 1919 hatte der damals 25-jährige Jurastudent und Journalist Carl Seelig Hesse gebeten, ihm für seine geplante Publikationsreihe *Die zwölf Bücher* eine Monografie über den Maler Vincent van Gogh zu schreiben. Dieser Vorschlag war nicht aus der Luft gegriffen. Hatte sich Hesse doch seit

della coscienza di un farabutto che pianta in asso la sua famiglia e di un artista con una ormai logora legittimazione. L'idea di avere sulla coscienza sua moglie e i figli, e di essere fuggito per questo fatto, è il tema della novella che viene qui rappresentato con un quadruplo omicidio. L'ha commesso il funzionario Klein, il quale si dà alla fuga con dei documenti falsi sotto il nome di Wagner. Nonostante il suo coinvolgimento nella condizione di Klein e Wagner, era così evidente a Hesse durante la stesura che tutto ciò non potesse avere un buon finale per un vero assassino, che il lavoro gli appariva più ‹un maneggiare con il cianuro di potassio›.

Era ritornato a se stesso, scriveva dopo la conclusione della stesura della novella a Carl Seelig, ammalato e mezzo impazzito dal dolore, e doveva innanzitutto «osservare e riconoscere tutto ciò che prima ho riposto o perlomeno nascosto, tutto ciò che in me è caos, selvaggio, istinto, male. Ho perso a questo proposito il mio vecchio e buon stile armonioso, dovevo cercare nuove forme, dovevo lottare a sangue con me stesso contro tutto l'irrisolto e l'ancestrale, non per sterminarlo bensì per comprenderlo, per farlo parlare, poiché da tempo non credo più al bene e al male, ma credo invece, che tutto è buono, anche ciò che noi chiamiamo crimine, sporcizia e orrore. Anche Dostojevski lo sapeva. Meno ci vergogniamo della nostra propria fantasia, che nel sogno e nella veglia ci fa criminali e animali, meno vi è il pericolo di andare in rovina, di fatto e in realtà, a causa di questo male.»[8]

Friedrich Klein, alias Wagner, è fallito per questo. Il suo inventore sopravvisse grazie alla trasposizione della sua sofferenza in questo specchio; e il bilancio che egli traccerà in seguito, in una lettera del 31 agosto 1919 a Georg Reinhart, ha qualcosa di simile al risveglio da un incubo: «Periodi come quello in cui vivo da mesi hanno qualcosa di buono, c'è in essi una grande benedizione: un fervore e una concentrazione nel lavoro artistico, che nel benessere non si raggiunge mai. Con la sensazione di essere fragili nel nucleo della propria esistenza e di non poter più contare di durare a lungo, si riuniscono la proprie forze come un vecchio albero, che prima dell'abbattimento vuole

< Balkon der Wohnung von Hermann Hesse
< Balcone dell'appartamento di Hermann Hesse

seiner nun zwei Jahre zurückliegenden Psychoanalyse in Luzern mit ähnlich autodidaktischer Besessenheit der Malerei zugewandt und Carl Seelig an seinen bildnerischen Fortschritten teilhaben lassen. Denn als vermögender Erbe eines Zürcher Seidenfabrikanten war dieser literaturbegeisterte junge Mann einer der ersten, die Hesses Kriegsgefangenenfürsorge durch den Kauf seiner frühen Pastelle, Zeichnungen und illustrierten Gedichthandschriften unterstützte. Diese Bilder mochten Carl Seelig auf den Gedanken gebracht haben, dass der entlaufene Missionarssohn Hesse im Pfarrerssohn van Gogh, der sich auf ähnlichen Umwegen aus vergleichbaren Bindungen zu lösen hatte, etwas Wahlverwandtes erkennen musste. Und tatsächlich winkte Hesse, der sonst alle thematischen Anregungen von außen strikt von sich wies, diesmal nicht grundsätzlich ab. In seiner Antwort vom 26. Mai 1919 heißt es: »Ob ich etwas über ihn schreiben kann, ist mir noch nicht klar, auch sollte ich wissen, ob es erlaubt ist, einzelne Briefe oder größere Stücke [aus den erstmals ins Deutsche übersetzten Briefen van Goghs, die 1911 und 1914 im Berliner Cassirer Verlag erschienen waren. Anm.d.A.] abzudrucken. Wenn ich etwas schreiben würde, wäre es eine Art Einführung für die Jugend, ganz naiv, wobei van Goghs Malerei gar nicht technisch und ästhetisch gewürdigt würde, sondern nur sein Charakter und seine Leidenschaft für das Malen in ihrer heiligen Besessenheit.«[10] Wir wissen, dass dieses Buch nicht zustande gekommen ist. Auch Max Picard, den Seelig ein Jahr später darum bat, die van Gogh-Monografie zu schreiben, musste ihn enttäuschen. Stattdessen gab ihm Hesse für die Reihe der *Zwölf Bücher* ein Bändchen mit Kurzprosa, das im August 1919 unter dem Titel *Kleiner Garten – Erlebnisse und Dichtungen*[11] in einer limitierten Auflage von tausend Exemplaren erschien.

Das Thema van Gogh war aber damit für Hesse keineswegs vom Tisch. Zu viel verband ihn mit diesem Maler, den er als »seltsamen Vagabunden und Dulder« bezeichnet, der »aus übergroßer Liebe zu den Menschen einsam und aus übergroßer Vernunft wahnsinnig wurde«.[12] In einer neuen, Mitte Juli

ancora una volta metter fuori il fogliame e perpetuarsi nei semi. Qui ho lavorato molto e bene e ho in progetto di fare ancora più cose importanti ed emozionanti, almeno per me. Ho scontato i peccati di certi tempi addietro, nei quali mi andava tutto troppo bene, e ho cercato di compensare, nello spirito e nell'arte, il naufragio che pativo nella vita personale e civile.»[9]

Nel maggio del 1919, l'allora venticinquenne studente in legge e giornalista Carl Seelig, chiese a Hesse di scrivere una monografia sul pittore Vincent van Gogh, per la sua serie *Die zwölf Bücher*. Questa proposta non era campata in aria. Dopo due anni dalla psicoanalisi trascorsa a Lucerna, Hesse si era dedicato alla pittura con un analogo fanatismo autodidatta e lasciò che Carl Seelig partecipasse ai suoi progressi artistici. Erede di un fabbricante di seta zurighese, questo giovane entusiasta della letteratura fu uno dei primi sostenitori del Centro di Hesse per l'accoglienza dei prigionieri di guerra, acquistando i suoi primi pastelli, disegni e poesie illustrate scritte a mano. Questi quadri possono aver fatto pensare a Carl Seelig che il figlio fuggitivo di missionari Hermann Hesse doveva avere delle affinità con van Gogh, pure lui figlio di un pastore protestante liberatosi da analoghi vincoli. Hesse, che altre volte aveva respinto ogni sollecitazione esterna di proposte tematiche, questa volta non rifiutò per puro principio. Nella sua risposta del 26 maggio 1919 scrisse infatti: «Non mi è ancora chiaro se potrò scrivere qualcosa su di lui, inoltre dovrei anche sapere se è possibile pubblicare e riprodurre singole lettere o brani più ampi [dalle primi lettere di van Gogh apparse in traduzione tedesca nel 1911 e 1914 presso le Edizioni Cassirer di Berlino, N.d.A]. Se ciò avvenisse, si tratterebbe di un'introduzione per la gioventù, molto ingenua, dove della pittura di van Gogh non verrebbe valutato il tecnicismo e l'estetismo, bensì sarebbero presi in considerazione solo il suo carattere e la passione che rivela per la pittura nel suo sacro invasamento.»[10] Sappiamo che questo libro non vide mai la luce. Anche Max Picard, al quale Seelig un anno più tardi chiese di scrivere la monografia su van Gogh, dovette deluderlo.

< Blick auf die Vorderseite der Casa Camuzzi
< Sguardo sulla facciata anteriore di Casa Camuzzi

1919 gleich nach der Befreiung von der *Klein und Wagner*-Beklemmung, in Angriff genommenen Erzählung *Klingsors letzter Sommer* ist er zugegen und dies vielleicht auf vitalere Weise, als es in einer Monografie möglich gewesen wäre. Denn die Parallelen zwischen van Goghs Neubeginn in Arles und demjenigen Hesses im Tessin waren frappant.

Was für den Holländer der erlösende Kontrast zwischen dem nebligen Norden seiner Herkunft und dem mediterranen Licht der Provence, das war für Hesse der soeben vollzogene Standortwechsel aus den Ballungszentren jenseits der Alpen in die damals noch bukolische Unschuld der Südschweiz. Seit er in der Casa Camuzzi Quartier bezogen hatte, überfiel den Maler in ihm ein Schaffensrausch ohnegleichen. »Ein Sommer von einer Kraft und Glut, einer Lockung und Strahlung«, wie er nur wenige erlebt hatte, forderte dazu heraus und durchdrang ihn wie ein »starker Wein«. »Die glühenden Tage wanderte ich durch die Dörfer und Kastanienwälder, saß auf dem Klappstühlchen und versuchte, mit Wasserfarben etwas von dem flutenden Zauber aufzubewahren; die warmen Nächte saß ich bis zu später Stunde […] in Klingsors Schlößchen und versuchte, etwas erfahrener und besonnener, als ich es mit dem Pinsel konnte, mit Worten das Lied dieses unerhörten Sommers zu singen. So entstand die Erzählung vom Maler Klingsor.«[13] Wer die Briefe Vincent van Goghs nach seiner Ankunft in Arles mit denjenigen Hesses aus seinen ersten Sommern in Montagnola vergleicht, wird überrascht sein von den vielen Entsprechungen. Beide sind sie berauscht von den Farben des Südens. Einen neuen Elan und eine bisher nicht gekannte Lebenslust weckt diese sonnendurchglühte Welt. »Mein Gott, hätte ich doch schon mit fünfundzwanzig Jahren dieses Land gekannt, statt nun mit fünfunddreißig hierherzukommen. Ich arbeite jeden Morgen vom Sonnenaufgang an, denn die Blumen welken schnell und es ist notwendig, das Ganze in einem Zug zu malen. Ich arbeite mit der Klarheit und Blindheit eines Liebenden, denn diese farbige Umgebung ist ganz neu. […] Im Süden werden die Sinne erregt, die Hand wird gewandter, das Auge lebendiger, das Gehirn klarer«[14],

Per la serie *Zwölf Bücher* Hesse gli consegnò invece un volumetto in prosa dal titolo *Kleiner Garten – Erlebnisse und Dichtungen*[11], che apparve in agosto del 1919 nell'edizione limitata di mille esemplari.

Con ciò, per Hesse, il tema di van Gogh non era però assolutamente liquidato. In realtà molto lo legava a questo pittore che lui descriveva «solitario vagabondo e martire, che divenne pazzo a causa dell'eccessivo amore per l'umanità e dello straordinario raziocinio.»[12] A metà luglio del 1919, subito dopo la liberazione dall'oppressione di *Klein e Wagner*, egli è presente in modo vigoroso in una nuova novella, *L'ultima estate di Klingsor*, forse in modo più vitale di come sarebbe stato nell'ambito di una monografia. Poiché i paralleli tra gli inizi di van Gogh ad Arles e gli stessi di Hesse in Ticino erano evidenti.

Quel che fu per l'olandese il contrasto liberatorio tra le nebbie del nord delle sue origini e la luce mediterranea della Provenza, così fu per Hesse il recente cambiamento di residenza dai centri abitati d'oltralpe all'allora bucolica innocenza del sud della Svizzera. Da quando aveva trovato alloggio in Casa Camuzzi, il pittore fu assalito da un'ebbrezza creativa senza eguali.

«Un'estate di un'energia e di un ardore, così prodiga di seduzioni e illuminazioni» quale di rado aveva vissuto, lo provocava e lo pervadeva come «un forte vino». «In quelle splendide giornate vagavo per i paesini e i boschi di castani, sul mio seggiolino pieghevole tentavo di fermare con colori ad acquarello qualcosa di quella crescente magia; nelle caldi notti sedevo fino a tardi […] nel castelletto di Klingsor provando, in modo più calmo ed esperto di come riuscissi con il pennello, a cantare con le parole la canzone di questa incredibile estate. Così nacque il racconto del pittore Klingsor.»[13]
Confrontando le lettere di Vincent van Gogh dopo il suo arrivo ad Arles con quelle della prima estate a Montagnola di Hesse, si rimane sorpresi delle numerose corrispondenze. Entrambi vengono rapiti dai colori del sud. Questo mondo inondato di sole risveglia in loro uno slancio nuovo e una voglia di vivere

< Hermann Hesse, *Blick nach Caslano*, Aquarell auf Papier, 1925
< Hermann Hesse, *Blick nach Caslano*, acquerello su carta, 1925

heißt es in van Goghs Briefen, und wie bei ihm sind auch bei Hesse die handwerklichen Fortschritte vergleichbar rapide: die Aufhellung und zunehmende Farbigkeit der Palette, der Verzicht auf vorsichtige Mischtöne zugunsten einer immer kühneren Verwendung der Grundfarben. Auch Hesse vermeidet nun alles, was deren reine Leuchtkraft vermindern könnte, die Zwischenwerte, das Helldunkel, und jede zerfasernde Auflösung der Formen. Alles Nebensächliche wird eliminiert, das Entscheidende aber durch deutliche Abgrenzung der Konturen hervorgehoben, um vor allem die Farben zur Geltung zu bringen. Seine Bilder zeigen nicht nur die Dinge, sondern was er bei ihrem Anblick empfindet. So glückt es ihm, das Charakteristische des Landes zu erfassen, seine Strukturen und Kraftlinien herauszuarbeiten, um hinter dem Abbild das Sinnbild, um aus dem Zufälligen und Vergänglichen das Wesentliche hervorzulocken. Denn es ist ein Dichter, der hier malt, und ein Maler, der dichtet. Wer seine Bilder als Dichtungen in Farben auffasst, versteht sie vielleicht am besten. Durch die Wirklichkeit des Sichtbaren stößt er dabei zu einer idealen Wirklichkeit vor, an die zu erinnern stets auch das Ziel seiner poetischen Arbeiten ist. Nicht umsonst heißt es in seinem Gedicht *Malerfreude*: »In meinem Auge wohnt / Eine andre Ordnung aller Dinge […] Geist regiert, der alles Kranke heilt / Grün klingt auf aus neugeborener Quelle, / Neu und sinnvoll wird die Welt verteilt, / Und im Herzen wird es froh und helle.«[15]

Das alles trifft in noch vitalerer Weise auf die Bilder van Goghs zu. Doch was Hesses autodidaktischer Malerei dabei an thematischer Breite, Intensität und souveräner Beherrschung des Handwerklichen noch fehlt, gelingt ihm im Sprachlichen. So liest sich die Klingsor-Erzählung, insbesondere das Selbstbildnis-Kapitel, auf das sie sich zuspitzt und worin sie gipfelt, wie ein van Gogh-Portrait in Worten. Alle Leidenschaftlichkeit und Besessenheit, alles, was dieser von seinen Visionen gejagte, ekstatische Maler an Zukünftigem vorweggenommen hat, ist darin enthalten: »der müde, gierige, wilde, kindliche und raffinierte Mensch unsrer späten Zeit,

sino ad allora sconosciuti. «Mio Dio, avessi conosciuto questo paese quando avevo venticinque anni, invece di venirci ora che ne ho trentacinque. Lavoro ogni mattina a partire dall'alba poiché i fiori appassiscono velocemente ed è necessario dipingere il tutto in un sol tratto. Lavoro con la lucidità e la cecità di un amante, poiché i colori che mi circondano sono completamente nuovi. […] Al sud i sensi vengono eccitati, la mano è più sicura, l'occhio più vivo, la mente più chiara»[14], è riportato nelle lettere di van Gogh. Per Hesse i progressi sono in ugual modo rapidi: la luminosità e l'aumento della varietà dei colori della tavolozza, la rinuncia ai prudenti toni misti a favore di un uso sempre più ardito dei colori primari. Anche Hesse evita ora tutto ciò che potrebbe diminuirne la loro pura luminosità, così come evita le sfumature, il chiaroscuro, e ogni smembramento dissolutore delle forme. Tutto ciò che non è importante viene eliminato, ma l'essenziale è enfatizzato attraverso una chiara delimitazione dei profili, per dare soprattutto evidenza ai colori. I suoi quadri non mostrano solo l'oggetto, bensì ciò che egli prova guardandolo. È così che riesce a riprendere la caratteristica del paesaggio, a mettere in evidenza la sua struttura e le sue linee di forza, per carpirne il simbolo dietro l'apparenza, l'essenziale dall'accidentale e dal transitorio. Perché è un poeta colui che sta dipingendo, e un pittore che fa poesia. Chi intende i suoi quadri come poesie a colori, lo comprende forse meglio. Attraverso la realtà del visibile, egli si inoltra in una realtà ideale, la cui indicazione è sempre il fine del suo lavoro poetico. Non per nulla scrive in una sua poesia *Gioia di pittore*: «Nel mio occhio abita / un altro ordine di tutte le cose […] Regna lo spirito che guarisce ogni male, / risuona il verde della nuova fonte / sensato e nuovo si dispone il mondo / e dentro il cuore si fa gioioso e chiaro.»[15]

Tutto ciò si applica in modo ancora più essenziale nei quadri di van Gogh. Ma quello che nella pittura autodidatta di Hesse manca ancora in ampiezza tematica, intensità e pieno dominio della tecnica, trova successo in ambito linguistico. Così si legge il racconto di Klingsor, in particolare il capitolo conclusivo

< Hermann Hesse, *Casa Camuzzi*, Aquarell auf Papier, 1926
< Hermann Hesse, *Casa Camuzzi*, acquerello su carta, 1926

der sterbende, sterbenwollende Europamensch: von jeder Sehnsucht verfeinert, von jedem Laster krank, vom Wissen um seinen Untergang enthusiastisch beseelt, zu jedem Fortschritt bereit, zu jedem Rückschritt reif, ganz Glut und auch ganz Müdigkeit, dem Schicksal und dem Schmerz ergeben wie der Morphinist dem Gift, vereinsamt, ausgehöhlt, uralt, Faust zugleich und Karamasow, Tier und Weiser, ganz entblößt, ganz ohne Ehrgeiz, ganz nackt, voll von Kinderangst vor dem Tode und voll von müder Bereitschaft, ihn zu sterben.«[16]

Für Hesses Verleger war dieses expressionistische Malerselbstportrait »sicher eine der schönsten Novellen, die seit vielen Jahren entstanden ist, und wenn sie als expressionistisch bezeichnet werden soll, die Erste, die mir den Expressionismus deutlich gemacht, ihn über das Programm hinaus zur Erfüllung gebracht hat«[17], vermerkt Samuel Fischer in einem Brief an Hesse vom Oktober 1919. Damit fand der Expressionismus, dem van Gogh drei Jahrzehnte zuvor den Weg bereitet hatte und der in Deutschland von den Malern der ›Brücke‹ und des ›Blauen Reiter‹ weiterentwickelt wurde, in Hesses Erzählung vom Farbenzauberer Klingsor und seiner aquarellistischen Entdeckung der Tessiner Landschaft eine neue Provinz.

Mit den Schweizer Vertretern dieser avantgardistischen Künstlervereinigungen, Cuno Amiet (›Die Brücke‹) und Louis Moilliet (›Der Blaue Reiter‹) war der Dichter befreundet.

Moilliet spielt als »Louis der Grausame« in der Klingsor-Erzählung eine wichtige Rolle. Er, der 1914 mit Paul Klee und August Macke die kunstgeschichtlich so folgenreiche Tunisreise unternommen hatte, war ein häufiger Gast in der Casa Camuzzi.

Aber auch ganz andere Kollegen besuchten Hesse dort schon in seinem ersten Tessiner Sommer: der junge Maler Jean Lurçat (1892–1966), ein Vorläufer des poetischen Surrealismus in Frankreich, der mit Hesse, Rilke und René Schickele eine Kulturzeitschrift zur deutsch-französischen Völkerversöhnung plante und dessen Zürcher Ausstellung in der Galerie Bern-

Autoritratto che culmina come un ritratto di van Gogh in parole. Vi troviamo tutta la passionalità e l'ossessione, tutto ciò che questo pittore estatico, incalzato dalle proprie visioni, ha anticipato del futuro: «Io stanco, avido, selvatico, puerile e raffinato uomo della nostra tarda epoca, l'europeo moribondo, voglioso di morire: raffinato da ogni nostalgia, malato di ogni vizio, calorosamente animato dal sapersi prossimo al tramonto, pronto ad ogni progresso, maturo ad ogni regresso, tutto fiamma e anche tutto spossatezza, devoto al destino e al dolore come il morfinomane alla droga, isolato, vuoto, vecchissimo. Faust e Karamazov insieme, bestia e sapiente, del tutto spogliato, senza ambizione, del tutto nudo, carico di infantile paura della morte e carico di una stanca disposizione a morire.»[16]

Per l'editore di Hesse, questo espressivo autoritratto del pittore era «sicuramente una delle più belle novelle scritte negli ultimi anni, e se proprio occorre definirla espressionista, allora è la prima che mi ha dato una chiara idea dell'espressionismo portandolo alla realizzazione, aldilà del programma»[17], annota Samuel Fischer in una lettera a Hesse nell'ottobre del 1919. L'espressionismo, cui van Gogh trent'anni prima preparò la strada, e che in Germania fu sviluppato ulteriormente dai pittori di ‹Brücke› e del ‹Blaue Reiter›, trovò così nel racconto del mago dei colori Klingsor di Hesse e nella sua scoperta figurativa del paesaggio ticinese, una nuova provincia.

Hesse era in rapporti di amicizia con esponenti svizzeri di associazioni artistiche d'avanguardia tra cui Cuno Amiet (‹Die Brücke›) e Louis Moilliet (‹Der blaue Reiter›). Nella parte di «Louis il crudele», Moilliet ebbe un ruolo importante nel racconto su Klingsor. Egli, che nel 1914 assieme a Paul Klee e August Macke aveva intrapreso quel viaggio in Tunisia così ricco di sviluppi per la storia dell'arte, era spesso ospite in Casa Camuzzi.

Ma molti altri colleghi visitarono Hesse nella sua prima estate ticinese: il giovane pittore Jean Lurçat (1892–1966), un precursore del surrealismo poetico in Francia, il quale, con Hesse, Rilke e René Schickele ideò una rivista culturale per la

< Hermann Hesse, *Blick auf die Casa Camuzzi*, Aquarell auf Papier, 1927
< Hermann Hesse, *Blick auf die Casa Camuzzi*, acquerello su carta, 1927

heim Hesse mit einem Bericht (NZZ vom 16. Dezember 1919) einführte und für den Katalog sogar Lurçats Geleitwort übersetzte.[18] Es kamen die Maler Karl Hofer und Fritz Widmann, die Komponisten Hans Huber und Volkmar Andreä, für den Hesse 1915 das Libretto zur Oper *Romeo* geschrieben hatte. Und es kam die ebenso attraktive wie gescheite 31-jährige Schriftstellerin und Juristin Elisabeth Rupp (1888–1972) aus Ravensburg, deren poetischen Bericht *Aus der Kindheit* Hesse 1919 in sein *Alemannenbuch* aufgenommen hatte. Ihre kleine Prosadichtung *Malén und Eobar* über die »unbegreiflich schöne Zeit«, die sie im August und September 1919 als Hesses Geliebte in der Casa Camuzzi verlebt hatte, sollte 1922 gleichfalls auf dessen Empfehlung im Berner Seldwyla Verlag erscheinen. Nicht auszudenken, welchen Verlauf Hesses künftiges Schicksal genommen hätte, wenn diese eigenständige junge Frau (die nach ihrer Dissertation über *Das Recht auf den eigenen Tod* in einem Berliner Sozialhilfeverband beschäftigt war und nach ihrer Episode mit Hesse auf eine Hacienda in Argentinien auswanderte, einen Schiffsoffizier heiratete und erneut – mit einer Arbeit über die Indianer Chiles – zur Völkerkundlerin promovierte) seinen Wunsch nach einer ungebundenen Beziehung nicht respektiert und ihn wie seine erste und die beiden späteren Frauen zur Ehe gedrängt hätte.

Nach einer 15-jährigen Ehe mit der neun Jahre älteren, eher musikalisch interessierten Mutter seiner drei Söhne und seinen halbherzigen Versuchen zur Bürgerlichkeit stand für Hesse fest, dass er von nun an ungebunden bleiben wollte: »Es ist mein Laster und Schicksal«, schrieb er 1925 an Carl Jakob Burckhardt, »daß ich nur in einer Luft von Stille und Ungebundenheit leben kann, die ich einzig durch Isolierung zu erreichen weiß.« Das schloss aber nicht – um der Kreativität und Steigerung des Lebensgefühls willen – eine neue Sensitivität für das andere Geschlecht aus, die freilich jede Fixierung vermied. »Ich diene einem Gott«, schrieb er damals, »der eifersüchtig ist wie Jehova und keine anderen Götter neben sich duldet.«

Seit jeher waren dem Verfasser der Landstreicher-Erzählung

riconciliazione franco-tedesca. Hesse introdusse con una relazione la sua mostra zurighese alla Galleria Bernheim (NZZ del 16 dicembre 1919) e tradusse persino la prefazione di Lurçat per il catalogo.[18] Vennero in visita i pittori Karl Hofer e Fritz Widmann, i compositori Hans Huber e Volkmar Andreä, per i quali Hesse nel 1915 aveva scritto il libretto per l'opera *Romeo*. Si recò in Ticino anche l'attraente e brillante scrittrice e giurista trentunenne Elisabeth Rupp (1888–1972), proveniente da Ravensburg, di cui Hesse nel 1919 riprese il saggio poetico *Aus der Kindheit* per il suo *Alemannenbuch*. La sua breve poesia in prosa *Malén und Eboar*, sull'«inverosimilmente magnifico periodo» che passò nell'agosto e settembre del 1919 come amante di Hesse in Casa Camuzzi, fu parimenti pubblicata nel 1922, su raccomandazione di Hesse, presso le Edizioni Seldwyla di Berna. Impossibile sapere quale corso avrebbe potuto prendere il futuro destino di Hesse se questa giovane donna indipendente (la quale dopo la presentazione della sua tesi *Das Recht auf den eigenen Tod*, lavorò in un'associazione di pubblica assistenza di Berlino e dopo il suo episodio con Hesse, emigrò in Argentina, sposò un ufficiale della marina e fece un nuovo dottorato – con un lavoro sugli indigeni del Cile – in antropologia) non avesse rispettato il suo desiderio di una relazione senza legami e l'avesse spinto, come la prima e le sue due future mogli, al matrimonio.

Dopo il matrimonio durato quindici anni con la madre dei suoi tre figli, di nove anni più vecchia e più interessata alla musica, e i suoi esperimenti senza entusiasmo verso la borghesia, a Hesse risultò chiaro che da allora in avanti voleva vivere senza legami: «È il mio vizio e il mio destino», scrisse nel 1925 a Carl Jakob Burckhardt, «che io possa vivere solo in un ambiente di silenzio ed indipendenza, il quale riesco ottenere solo attraverso l'isolamento». Ciò non escluse comunque – per amore della creatività e del rafforzamento del sentimento vitale – una nuova sensibilità verso l'altro sesso, che evitasse ovviamente ogni fissazione. «Io servo un Dio», scrisse allora, «geloso come Geova e che non tollera altri dei vicino a sé.»

< Hermann Hesse, *Blick auf seine Wohnung in der Casa Camuzzi*, Aquarell auf Papier, 1927
< Hermann Hesse, *Blick auf seine Wohnung in der Casa Camuzzi*, acquerello su carta, 1927

Hermann Hesse auf der Terrasse der Casa Camuzzi
Hermann Hesse sulla terrazza di Casa Camuzzi

Knulp die Vagabunden wahlverwandt. Von ihnen heißt es in seinem Reiseskizzenbuch *Wanderung*: »Wir lösen die Liebe vom Gegenstand, die Liebe selbst ist uns genug, ebenso wie wir im Wandern nicht das Ziel suchen, sondern nur den Genuß des Wanderns selbst, das Unterwegssein. Junge Frau mit dem frischen Gesicht, ich will deinen Namen nicht wissen. Meine Liebe zu dir will ich nicht hegen und mästen. Du bist nicht das Ziel meiner Liebe, sondern ihr Antrieb. [...] Du machst, daß ich in die Welt verliebt bin.«[19] Auch mit der damals 22-jährigen Sängerin Ruth Wenger sollte es so sein. Aber ließ sich das auf die Dauer durchhalten?
Am 24. Juli 1919 hatte er sie bei einer Wanderung in das gegenüberliegende Bergdorf Carona kennengelernt und diese

Da sempre l'autore del racconto sui barboni *Knulp* sentiva un'affinità con i vagabondi. Di loro scrive nel suo taccuino di viaggio *Voglia di viaggiare*: «Noi liberiamo l'amore dall'oggetto, l'amore da solo ci è sufficiente, così come nel nostro vagare non cerchiamo la meta, ma solo il godimento del vagabondaggio per se stesso, l'essere in cammino. Giovane donna dal fresco volto, non voglio conoscere il tuo nome. Non voglio coltivare e accrescere il mio amore per te. Tu non sei la meta del mio amore, ma il suo impulso. [...] Tu mi permetti di essere innamorato del mondo.»[19] Anche con la ventiduenne cantante Ruth Wenger doveva succedere così. Ma avrebbe potuto durare?
Il 24 luglio del 1919 Hesse la conobbe durante una passeggiata nel vicino paesino di Carona e descrisse quest'incontro nel capitolo *Il giorno di Careno* nel racconto di Klingsor. L'amico scultore Paolo Osswald, il medico locarnese Hermann Bodmer e le loro mogli, la pittrice Margherita Osswald e Anny Bodmer, conoscevano la scrittrice svizzera Lisa Wenger, il cui marito, uno studioso di teologia di Delémont che diventò più tardi fabbricante di materiali in acciaio, aveva da poco acquistato come residenza estiva la Casa Costanza, una magnifica vecchia casa di Carona. Da allora Hesse vi fu sovente ospite. Dal 1920 infatti l'amicizia stretta con la loro giovane figlia Ruth si era trasformata in un rapporto intimo, il più intenso della sua vita, il quale si ridusse significativamente dall'istante in cui, sotto pressione del padre di Ruth, dovette risolversi in un nuovo matrimonio, che Hesse accettò dopo lunga esitazione. Ma fino alla conclusione dello stesso, nel gennaio del 1924, la sua relazione con Ruth contribuì a rendere gli anni in Casa Camuzzi così intensi e produttivi come pochi dei suoi periodi creativi passati.
Iniziò ad elaborare una nuova rivista che apparve a partire dall'ottobre 1919. La rivista si rivolgeva alla giovane generazione e ai connazionali ritornati a casa dalla guerra e dalla prigionia. Si trattava di approfittare della fase ancora mutevole della disillusione che seguì la disfatta militare, per far piazza pulita degli idoli dell'imperialismo e rendere possibile un nuovo

Begegnung im Kapitel *Der Kareno-Tag* der Klingsor-Erzählung beschrieben. Seine Freunde, der Bildhauer Paolo Osswald, der Locarneser Arzt Hermann Bodmer und deren Frauen, die Malerinnen Margherita Osswald und Anny Bodmer, waren mit der Schweizer Schriftstellerin Lisa Wenger bekannt, deren Mann, ein studierter Theologe und späterer Stahlwarenfabrikant aus Delémont, kurz zuvor die Casa Constanza, ein zauberhaftes altes Haus in Carona, als Sommersitz erworben hatte. Hier war Hesse von nun an häufig zu Gast. Denn seit 1920 war aus einer zunächst lockeren Freundschaft zu ihrer jüngeren Tochter Ruth eine intime Beziehung geworden, die wohl intensivste seines Lebens, welche bezeichnenderweise erst ab dem Augenblick abflaute, als sie auf Drängen von Ruths Vater in eine von Hesse erst nach langem Zögern akzeptierte neue Ehe münden musste. Doch bis diese im Januar 1924 geschlossen wurde, trug sein Verhältnis zu Ruth dazu bei, die Jahre in der Casa Camuzzi so intensiv und produktiv zu machen wie wenige seiner früheren Schaffensperioden.

Eine neue Zeitschrift wurde konzipiert und begann seit Oktober 1919 zu erscheinen. Sie wandte sich an die junge Generation und an die aus Krieg und Gefangenschaft heimgekehrten Landsleute. Galt es doch, die noch plastische Phase der Desillusionierung nach dem militärischen Bankrott zu nutzen, um aufzuräumen mit den Götzen des Imperialismus und einen selbstkritischen Neubeginn Deutschlands zu ermöglichen. Diese in Leipzig gedruckte Monatsschrift, die von ihren Herausgebern Hermann Hesse und Richard Woltereck *Vivos voco* [Ich rufe die Überlebenden] genannt wurde, wandte sich in Leitartikeln und unzähligen Buchbesprechungen gegen die Verdrängung der Kriegsschuld, den beginnenden Antisemitismus, um stattdessen alle Brückenschläge der Verständigung mit den ehemaligen Feinden und eine Reform des Schulwesens herbeizuführen. Der konstruktiven Bewältigung des Kriegstraumas galt auch das Essaybändchen *Blick ins Chaos* (1920), das Hesse einen Brief und den Besuch des englischen Dramatikers T. S. Eliot eintrug, der »darin eine Ernsthaftig-

Hermann Hesse und Ruth Wenger, ca. 1921
Hermann Hesse e Ruth Wenger, 1921 ca.

autocritico inizio della Germania. La rivista mensile, stampata a Lipsia e alla quale i suoi editori, Hermann Hesse e Richard Woltereck, diedero il nome *Vivos voco* [Chiamo i sopravvissuti], si opponeva, con editoriali e innumerevoli recensioni di libri, alla rimozione della responsabilità della guerra e all'antisemitismo nascente, per proporre invece uno scambio di comunicazioni con i nemici di un tempo e una riforma dell'insegnamento. Al superamento costruttivo del trauma della guerra servì anche il breve saggio *Blick ins Chaos* (1920), che valse a Hesse una lettera e una visita del drammaturgo inglese T. S. Eliot, il quale trovò in questo saggio «una serietà d'argomentazione, che in Inghilterra non era ancora penetrata». E dato che Eliot «avrebbe volentieri voluto fare

keit der Auseinandersetzung« fand, »die noch nicht bis nach England vorgedrungen ist«. Und weil er »gern etwas für ihre breitere Beachtung tun würde«, hat Eliot 1923 unter dem Titel *In Sight of Chaos* eine englischsprachige Ausgabe des Bändchens veranlaßt.

Neben diesen Bemühungen um Kurskorrekturen beginnt Hesse seit Ende 1919 mit den Vorarbeiten zu einem seiner schönsten Bücher, der indischen Legende *Siddhartha*. Sie brachte neben wiederholten Besuchen von Romain Rolland auch den jungen Hindu Kalidas Nag aus Calcutta, einen Schüler und Freund Tagores und Professor für asiatische Geschichte, nach Montagnola, der es nicht fassen konnte, dass ein europäischer Autor buddhistisches und hinduistisches Lebensgefühl so authentisch zu vermitteln verstand, weil »ihm das östliche Denken nicht bloß ein Gegenstand intellektueller Neugierde, sondern so vertraut ist, daß er produktiv darin lebe und atme«.[20]

Wie trafen sie und die zahllosen anderen Besucher, die Hesse in seinem entlegenen Versteck aufstöberten, den Dichter dort an? Das Ambiente jedenfalls war alles andere als das eines Großschriftstellers, wie es der auf alle erfolgreicheren Kollegen eifersüchtige Robert Musil auch Hesse unterstellte. »Er hat sich jetzt losgelöst«, vermerkt Romain Rolland in einer Tagebuchnotiz vom September 1920, »von fast allem, was dem Leben eines modernen Menschen Wert gibt, vom Wohlsein und von der Beteiligung am Kulturbetrieb.«

Wer Hesse besuchen wollte, hatte damit schon einige Mühe. Selbst wer bis zur Casa Camuzzi vorgedrungen war, fand dort weder Namensschild noch Klingel, die auf den Bewohner hingewiesen hätten. Wer dann noch nicht aufgab, war auf fremde Hilfe angewiesen. Der Leipziger Kulturredakteur Heinrich Wiegand hat es beschrieben. Ein Kind aus dem Dorf habe ihm den Weg gewiesen. »Ein italienischer Name stand links an der hölzernen Tür. ›Eine Treppe hoch‹ sagte das Mädchen und ging. Ich stieg gewundene Steinstufen empor. Neben der zweiteilig primitiven Holztür ein handgemaltes Täfelchen: ›Hermann Hesse, Tessiner Aquarelle / Handschriften mit

Bildern / Bücher in numerierten und signierten Ausgaben‹. Ein Kleiderständer neben der Tür. Ich klopfe, Schritte und ›Herein‹. Ich öffne die Tür, und er kommt auf mich zu: mittelgroß, dunkelbraun und rot, mit Brille, starkem bloßen Hals, gelbem Basthemd und Flanellhose mit Gürtel, in Filzschuhen und derben Strümpfen. […] Im nicht sehr hohen Zimmer mit drei Türen steht ein langer ungedeckter Tisch, Regale an den Wänden, bis oben mit Büchern angefüllt, Bilder über Bilder, viele eigene Aquarelle. […] Dies ist sein Eßzimmer und Magazin. Wir gehen durch die wenig stabile Tür in sein Wohn- und Arbeitszimmer. Es ist heller, geräumiger. Der Schreibtisch, Regal über und an Regal, Versuch zu einer Kartothek, Bild an Bild, Zeichnungen angezweckt, gerahmt und ungerahmt, eigene, fremde, ein Tisch mit Manuskripten, eine Smith-Schreibmaschine, Stühle, […] viele Kissen aller Arten, ein Sofa mit einem weiteren Tisch. Man sieht: Wildnis, schöne Wildnis. Bücherstöße auf der Erde. Ein Regal mit eigenen Werken, Bildermappen, eine Tür zum Balkon.
Ich sitze auf dem Sofa, er gegenüber im bequemen Stuhl. Gradliniges Gesicht, scharfer Nasenrücken, doch kräftig große Nase, schmaler Mund, dunkelbraunes Haar ohne Frisur, vorn quergekämmt, am Wirbel etwas gelichtet. Feine Hände mit bestimmten Bewegungen, kleine Verdickungen der Gicht. Ein zugleich kühnes und resigniertes Gesicht, energisch und gütig. Glatt rasiert, Langschädel. Das Erstaunlichste: die Augen. Wenig Weiß, viel Iris, eine Fülle heller Bläue. Ein durchdringender gefüllter Blick. Erstaunlich darum, weil Hesse kurzsichtig ist, augenleidend. Aber auch wenn er die Brille abnimmt, ist es nicht der Blick eines Kurzsichtigen, sondern ein fester, strahlender.«[21]
Es lohnt sich, diese Schilderung im Sammelband *Hermann Hesse in Augenzeugenberichten* nachzulesen, auch der dort überlieferten Gespräche wegen, die einen absolut unprätentiösen Lebensstil überliefern. In seiner Betrachtung *Spaziergang im Zimmer*[22] hat auch der Dichter selbst die neue Junggesellenbehausung beschrieben. Es werde hier nur provisorisch gelebt und nicht richtig gewohnt. Kein Kühl-

qualcosa per favorire la sua più ampia divulgazione», nel 1923 diede alla stampa un'edizione inglese del saggio, dal titolo *In sight of chaos*.
Assieme a questi sforzi a favore di un cambiamento del corso degli eventi, Hesse diede inizio, a partire dalla fine del 1919, alla stesura di uno dei suoi romanzi più belli, la leggenda indiana *Siddharta*. Oltre alle ripetute visite di Romain Rolland, questa portò a Montagnola anche il giovane hindu Kalidas Nag, proveniente da Calcutta, allievo e amico di Tagore e professore di storia asiatica. Kalidas Nag non riusciva a credere che un autore europeo comprendesse il senso della vita buddista e induista in modo così autentico da poterlo trasmettere, in quanto «il pensiero orientale per lui non è un mero oggetto di curiosità intellettuale, gli è bensì così intimo che egli vi vive e respira in modo fecondo».[20]
Come avranno trovato il poeta, loro e le innumerevoli visite, che riuscivano a scovare Hesse nel suo remoto nascondiglio? L'ambiente era tutt'altro che quello di un grande scrittore, carica che gli assegnò il subdolo Robert Musil, geloso di tutti i suoi colleghi più famosi. «Si è ora allontanato» riporta Romain Rolland in una notazione di diario nel settembre 1920, «da quasi tutto ciò al quale un essere umano moderno dà valore, dal benessere e dalla partecipazione alla vita culturale». Chi voleva visitare Hesse avrebbe fatto fatica. Chi riusciva ad arrivare a Casa Camuzzi, non trovava né il nome né il campanello a segnalare l'inquilino. Colui che ancora non avesse demorso, dipendeva comunque da un aiuto esterno. Heinrich Wiegand, redattore culturale di Lipsia, così lo descrisse. Un bambino del villaggio gli indicò la strada. «Un nome italiano era affisso a sinistra sulla porta di legno, ›una scala più in su‹ disse la ragazza e se ne andò. Salgo i gradini zigzaganti. Vicino alla grezza porta a due ante in legno c'è una targhetta scritta a mano: ›Hermann Hesse, Acquerelli ticinesi / Manoscritti illustrati / Libri in edizione numerata e firmata‹. Un appendiabiti vicino alla porta. Busso e ›avanti‹. Apro la porta e mi viene incontro: grandezza media, castano scuro e rosso, con gli occhiali, collo nudo e forte, camicia gialla grezza e pantaloni

< Hermann Hesse in Montagnola, 1922
< Hermann Hesse a Montagnola, 1922

schrank, weder Bad, warmes Wasser, noch überhaupt eine zuverlässige Wasserversorgung im Hochsommer. Der Polsterstuhl am Schreibtisch sei durchgesessen, Berge von Büchern, Briefen, Verpackungsmaterial und Bildermappen, angefüllt mit der Ernte seiner vormittäglichen Malerstreifzüge auf den roten Ziegelfliesen des Fußbodens. Zigarrenkisten, Flaschen, Leim, Zeichentinte und Pinselbehälter auf grob gezimmerten Regalen und Fensterbänken. An den Wänden, auch in Küche und Schlafzimmer, teils in kleinen Goldrahmen, teils zu häufigem Wechsel provisorisch mit Reißzwecken befestigt, umgaben ihn seine Aquarelle wie eigene Träume. »Alles ist voll und wird immer voller, nirgends ist Platz! Die Wände habe ich längst vollgemalt. […] Die Bücherschäfte krachen und hängen schief, so sehr sind sie mit doppelten Bücherreihen überlastet. Und immer kommen neue dazu, immer wieder liegt mein Studierzimmer voll von Paketen, vorsichtig und langbeinig muß ich zwischen ihnen meinen Weg suchen«, notiert er in einer Buchbesprechung *Rückkehr aufs Land*[23]. Die Verleger schickten ihm ihre Produktion stapelweise, denn er müsse als »stellvertretender Leser für Millionen funktionieren«, was nicht übertrieben ist, angesichts der etwa dreitausend Buchbesprechungen, die ihm im Lauf seines Lebens abverlangt wurden.

Die zwei Zimmer, in die Hesse ihn 1923 geführt habe, schreibt sein Zürcher Kollege Emil Schibli, »waren klein und vollgestopft mit Büchern, richtige Poetenstuben, die bis in die entferntesten Winkel von ihrem Bewohner geprägt wurden.« Über diese wohlorganisierte Unordnung erstaunt, äußert sich auch der anspruchsvollere Schweizer Journalist Manuel Grasser. Der Raum, worin Hesse ihn empfangen habe, sei offensichtlich ohne Sinn für Repräsentation eingerichtet: »So wenig mich das Innere des Arbeitszimmers ansprach, um so mehr entzückte mich der Blick von dem Balkönchen. […] Es ging senkrecht hinunter in grüne Abgründe, in eine wuchernde Wildnis aus […] Nadelholz, Gebüsch und Geranke und schweifte dann hinüber zu den kulissenhaft gestaffelten Zuckerhutbergen um den Luganer See. Es war die Szenerie

di flanella con la cintura, scarpe di feltro e calze robuste. […] Nella stanza non troppo alta, con tre porte, vi è un lungo tavolo scoperto, scaffali alle pareti, riempiti di libri fino alla cima, quadri su quadri, molti dei quali suoi acquerelli. […] Questa è la sala da pranzo e magazzino. Attraversiamo la porta poco solida verso il soggiorno e stanza da lavoro. È più chiara e spaziosa. La scrivania, scaffali su scaffali, tentativo per una cartoteca, quadri accanto uno all'altro, disegni inchiodati, incorniciati e non, propri e di altri, un tavolo con manoscritti, una macchina da scrivere Smith, sedie, […] molti cuscini di tutti i tipi, un sofà con un altro tavolo. Da notare: luogo selvaggio, splendido luogo selvaggio. Pile di libri per terra. Una scansia con opere proprie, cartelle con quadri, una porta verso il balcone.

Siedo sul sofà, lui di fronte su una comoda sedia. Viso lineare, dorso del naso affilato, un forte e grosso naso, bocca stretta, capelli castano scuro senza acconciatura, sulla fronte pettinati di traverso, un po' più radi sulla testa. Mani fini con movimenti sicuri, piccolo ingrossamento della gotta. Un viso nello stesso tempo audace e rassegnato, energico e buono. Ben rasato, cranio lungo. La cosa più stupefacente: gli occhi. Poco bianco, molto iride, un'abbondanza di blu chiaro. Uno sguardo penetrante e intenso. Fatto sorprendente, visto che Hesse non vede bene da lontano, è sofferente agli occhi. Ma anche quando toglie gli occhiali, lo sguardo non è miope, bensì fermo, brillante.«[21]

Vale la pena leggere questa descrizione raccolta nel volume *Hermann Hesse in Augenzeugenberichten*, anche per i colloqui riportati, che raccontano di uno stile di vita assolutamente non pretenzioso. Nella sua riflessione *Passeggiata nella mia camera*[22], Hesse stesso descrive la nuova dimora da scapolo. È solo provvisoria e non proprio abitabile. Non c'è frigorifero, né bagno né acqua calda, in estate nemmeno un approvvigionamento sicuro dell'acqua. La sedia imbottita della scrivania è sfondata, montagne di libri, lettere, materiale da imballaggio e cartelle di quadri, riempite con la raccolta delle sue escursioni pittoriche del mattino, sulle rosse mattonelle

Blick von Montagnola auf den Luganersee
Vista da Montagnola sul lago di Lugano

aus *Klingsors letzter Sommer*, sie hatte etwas Übersteigertes, Aufgewühltes und Aufwühlendes und war das vollkommene Gegenstück zu Hesses Expressionismus der frühen zwanziger Jahre.«[24]

Wenn Expressionismus Ausdruckswille bedeutet, dann waren die vier chaotisch anmutenden Stuben ein Kraftwerk auf kleinstem Raum, so unübersichtlich wie für den Laien das Masten-, Generatoren- und Transformatorengewirr eines Umspannwerkes. Denn alles darin war einzig auf Leistung abgestimmt: auf das Malen, das Lesen und Schreiben. Hunderte von Aquarellen, Gedichten, Betrachtungen, Buchbesprechungen und Erzählungen sind hier entstanden, ganz zu schweigen von Büchern wie *Siddhartha*, *Der Steppenwolf*, *Kurgast*, die *Nürnberger Reise*, *Narziß und Goldmund*.

del pavimento. Scatole di sigari, bottiglie, colla, colori da disegno e portapennelli sui grezzi scaffali e sui davanzali. Alle pareti, anche in cucina e nella camera da letto, i suoi acquerelli lo circondano dei propri sogni, alcuni in piccole cornici dorate, altri appesi provvisoriamente con puntine da disegno a causa dei frequenti spostamenti. «È pieno zeppo e continua a riempiersi, non c'è più posto! Sulle pareti ho dipinto tempo fa dei disegni. […] Gli scaffali scricchiolano e sono sbilenchi per il peso eccessivo dei libri messi in doppia fila, e ne arrivano sempre di nuovi. Il mio studiolo è immancabilmente ingombro di pacchi, sicché devo muovermi con cautela e spostarmi facendo acrobazie», annota in una recensione *Ritorno in campagna*[23]. Gli editori gli spedivano grandi quantità delle loro produzioni, poiché egli avrebbe dovuto «funzionare come

Wie auch über unseren Ballungszentren noch die Sterne, so stehen Hesses Werke in schöner Eigengesetzlichkeit den Strömungen der Zeitgeschichte entgegen: »Ich sehe die Welt da unten liegen und denke: du kannst mir gestohlen werden. Ich habe kein Glück in dieser Welt gehabt, […] ich habe nicht gut zu ihr gepaßt, und sie hat mir meine Abneigung reich erwidert und vergolten. Aber umgebracht hat sie mich nicht. Ich lebe noch, ich habe ihr Trotz geboten und habe mich gehalten, und wenn ich auch kein erfolgreicher Fabrikant oder Boxer oder Filmstar geworden bin, so bin ich doch das geworden, was zu werden ich mir als Knabe von zwölf Jahren in den Kopf gesetzt habe: ein Dichter, und ich habe unter anderm gelernt, daß die Welt, wenn man nichts von ihr will und sie nur still und aufmerksam betrachtet, uns manches zu bieten hat, wovon die Erfolgreichen, die Lieblinge der Welt nichts wissen.«[25]

Wie schon ab 1904 in Gaienhofen am Bodensee, begann sich seit Hesses Niederlassung in Montagnola allmählich eine Künstlerkolonie um das Dorf zu bilden. Immer mehr Kollegen kamen im Laufe der Jahre hierher, um sich, sei es sporadisch, sei es fest, dort anzusiedeln, oder auch nur, um in Montagnola begraben zu werden wie Bruno Walter. Im August 1920 kamen aus München Hugo Ball, der zeitkritische Begründer des Dadaismus, und seine Frau, die Flensburger Poetin Emmy Hennings, aus Zittau die Märchendichterin Lisa Tetzner und ihr Mann, der Schriftsteller und Herausgeber der *Linkskurve*, Kurt Kläber, aus Bern kam der tragische Poet Hans Morgenthaler, aus Weimar der Buchgestalter Hans Mardersteig, der 1922 in Montagnola seine berühmte Officina Bodoni gründete. Es kamen Maler wie Karl Hofer, Hans Purrmann und Richard Seewald. Komponisten wie Eugène d'Albert, Kulturhistoriker wie Karl Kerényi, Philosophen wie Max Picard, Rudolf Pannwitz und Max Horckheimer ließen sich nach und nach hier oder in der näheren Umgebung nieder und machten das Tessin zu einer Wahlheimat der Avantgarde. Auch der Verleger Kurt Wolff und Thomas Mann erwogen 1933, dort hinzuziehen.

sostituto lettore per milioni di persone». E non era questa un'esagerazione viste le tremila recensioni che gli furono richieste durante la sua vita.

Scrive il suo collega zurighese Emil Schibli che le due camere, nelle quali Hesse lo condusse nel 1923, «erano piccole e piene di libri, vere stanze da poeta, colmate dal suo occupante fino agli angoli.» Stupito di questo disordine organizzato, si esprime anche il sofisticato giornalista svizzero Manuel Grasser. Lo spazio nel quale Hesse lo ricevette, non era evidentemente organizzato per la rappresentanza: «Mi impressionò così poco l'interno della camera da lavoro, quanto più rimasi deliziato dalla vista del balconcino. […] Si spingeva verticalmente verso il basso in una voragine verde, in una zona selvaggia prolificante di conifere, cespugli e intreccio di tralci e in seguito vagava sulle montagne a forma di pan di zucchero messe in scena attorno al Lago di Lugano. Era lo scenario de *L'ultima estate di Klingsor*, aveva qualcosa di inquieto e sconvolgente ed era il perfetto pendant all'espressionismo hessiano dei primi anni Venti.»[24]

Se l'espressionismo significa volontà di espressione, allora le quattro caotiche e leggiadre stanze erano una centrale elettrica compatta, così intricata come apparirebbero ad un profano un groviglio di tralicci, generatori e amplificatori appartenenti ad un impianto di trasformazione. Tutto lì dentro veniva armonizzato dall'attività: la pittura, la lettura e la scrittura. Centinaia di acquerelli, poesie, articoli, recensioni e racconti presero forma proprio qui, per non parlare di libri quali *Siddharta*, *Il lupo della steppa*, *La cura*, *Viaggio a Norimberga*, *Narciso e Boccadoro*. Così come sui nostri centri abitati si trovano ancora le stelle, così le opere di Hesse si oppongono, in esemplare autonomia, alle correnti della storia contemporanea: «Sotto, vedo il mondo e penso: di te posso benissimo fare a meno. In questo mondo non ho avuto fortuna, […] non gli sono andato a genio e lui mi ha risposto e mi assai ripagato della mia avversione. Ma non mi ha ucciso. Vivo ancora, gli ho risposto con caparbietà e mi sono attenuto a me stesso, e se non sono diventato un industriale di

< Hermann Hesse, *Casa Camuzzi und Garten*, Federzeichnung, 1931
< Hermann Hesse, *Casa Camuzzi und Garten*, disegno a china, 1931

Emmy Ball-Hennings und Hugo Ball in ihrem Haus in Agnuzzo, ca. 1921
Emmy Ball-Hennings e Hugo Ball nella loro casa ad Agnuzzo, 1921 ca.

Dabei war sich Hesse seines Bleibens in der Schweiz am Ende des ersten Jahres in Montagnola durchaus nicht sicher. Die beginnende Inflation ließ das Leben für ihn, der überdies für seine Frau und die drei Söhne aufzukommen hatte, so teuer werden, dass er zeitweise mit dem Gedanken spielte, entweder nach Italien, Österreich oder gar zurück nach Deutschland zu ziehen, der preiswerteren Lebenshaltung und der besseren Einkommensverhältnisse wegen. Er habe Löcher in den Schuhen und Strümpfen, deren Vater das Loch im

successo o un pugile o una star del cinema, sono però diventato ciò che mi sono messo in testa quando ero un ragazzino di dodici anni: un poeta, e ho tra l'altro imparato che il mondo, se non gli si richiede nulla e lo si guarda solo, tranquillamente e con attenzione, ha molto da offrirci, cose che, chi ha successo ed è amato dal mondo, neanche conosce.»[25]

A seguito del trasferimento di Hesse a Montagnola, così come avvenne a Gaienhofen sul Lago di Costanza nel 1904, anche nei dintorni iniziò a formarsi una colonia di artisti. Nel corso degli anni vi si trasferirono sempre più colleghi, chi sporadicamente, chi definitivamente o anche solo, come Bruno Walter, per esservi sepolto. Nell'agosto del 1920 arrivarono, provenienti da Monaco, Hugo Ball, il critico fondatore del dadaismo, e sua moglie, la poetessa Emmy Hennings, originaria di Flensburg. Da Zittau giunsero Lisa Tetzner, scrittrice di fiabe, e suo marito, lo scrittore ed editore della *Linkskurve*, Kurt Kläber. Da Berna invece approdò il poeta tragico Hans Morgenthaler e da Weimar lo stampatore Hans Mardersteig, che nel 1922 fondò a Montagnola la famosa Officina Bodoni. Arrivarono pittori quali Karl Hofer, Hans Purrmann e Richard Seewald. Compositori come Eugène d'Albert, storici della cultura come Karl Kerényi, filosofi quali Max Picard, Rudolf Pannwitz e Max Horckheimer, i quali si stabilirono poco alla volta a Montagnola o nelle regioni vicine e fecero del Ticino una patria prediletta dall'avanguardia. Anche l'editore Kurt Wolff e Thomas Mann presero in considerazione di trasferirvisi nel 1933.

Alla fine dei primi anni a Montagnola, Hesse non era affatto sicuro di restare in Svizzera. L'inflazione crescente gli aveva reso la vita così cara, dovendo inoltre sostenere anche sua moglie e i tre figli, che ogni tanto giocava con il pensiero di un suo trasferimento in Italia, Austria o addirittura di un ritorno in Germania, a causa del costo della vita meno caro e delle migliori possibilità di reddito. Che aveva i buchi nelle scarpe e nelle calze, la cui origine era il buco nel portamonete, se ne lamentava da tempo, e se avesse lavorato duramente per alcuni giorni in Germania avrebbe ricevuto cento marchi che

Geldbeutel sei, klagte er damals, und wenn er einige Tage fleißig arbeite und in Deutschland hundert Mark dafür bekomme, seien das jetzt in der Inflationszeit acht Schweizer Franken. »Wir sind die Opfer Erzbergers und Scheidemanns, wie wir vorher die Opfer des Kaisers waren«, schrieb er am 5. Dezember 1919 an Emil Molt, der seine deutschen Einkommen verwaltete. »Vor einem Jahr, als der Kurs noch vier- bis fünfmal so hoch war, wurden wir Auslandsdeutschen von Berlin aus zum Hungertod verurteilt durch das absolute Geldausfuhrverbot. Ich hatte damals die Erlaubnis vom Reich monatlich mit Familie sechzig Franken zu verbrauchen«. Das Land der Schieber und Generäle sei gegen Künstler und Dichter ja nie duldsam, geschweige denn generös gewesen. Inzwischen habe sich wenig gebessert: »Hier kostet jedes Kind in Pension monatlich etwa fünfzig Mark.«[26] Das änderte sich erst Mitte der zwanziger Jahre. Noch 1922 resümiert er in einem Brief an Ruth Wenger, sein deutsches Einkommen sei inflationär. In Franken sei es die Hälfte dessen, was in der Schweiz ein Straßenkehrer verdiene. Dabei sei er, wie er Carl Seelig berichtet, »fleißig wie ein preußischer Industrieller mit Malen, Zeichnen und Schreiben, daß es nur so raucht.«[27]
Hätte er nicht ab November 1919 auf die mäzenatische Hilfe seiner Freunde Georg Reinhart aus Winterthur sowie Alice und Fritz Leuthold aus Zürich zählen können, dann wäre ihm wohl nichts anderes übrig geblieben, als Montagnola aufzugeben. Georg Reinhart war es auch, der ihm für die kalte Jahreszeit ein elektrisches Öfchen zur Verfügung stellte. Denn seine Wohnung war kaum zu beheizen, außer mit dem kleinen barocken Kamin, der qualmte und dessen Ausstrahlung eher eine dekorative war. Um Holz zu sparen, hat Hesse ihn immer erst nachmittags angezündet, um dann bis zum Zubettgehen an den Quadratmeter vor seiner Öffnung gebunden zu bleiben. Zum Malen sei das nicht günstig, das Zimmer bleibe kühl, aber zum Lesen, Denken und Schreiben gehe es leidlich. Ein Brief vom 22. Dezember 1919 an seine Schwester Adele gibt eine Vorstellung von den ersten vier Wintern, die er in der Casa Camuzzi verbrachte: »An allen Tagen, wo Sonne scheint,

sarebbero equivalsi ora, con l'inflazione, a otto franchi svizzeri. «Siamo le vittime di Erzberger e Scheidemann, così come prima eravamo vittime dell'imperatore», scrisse il 5 dicembre 1919 a Emil Molt, il quale gestiva le sue entrate dalla Germania. «Lo scorso anno, quando il cambio era comunque di quattro o cinque volte più alto, noi tedeschi all'estero fummo condannati da Berlino alla morte per fame a causa dell'assoluto divieto di esportazione di denaro. Allora avevo il permesso dal Reich di utilizzare mensilmente, con la famiglia, sessanta franchi». Il paese degli affaristi e dei generali non è mai stato tollerante, ancor meno generoso con gli artisti ed i poeti. Nel frattempo poco è migliorato: «Qui ogni bambino in pensione costa mensilmente circa cinquanta marchi.»[26] Questa situazione cambiò solo alla metà degli anni Venti. Ancora nel 1922, Hesse raccontava a Ruth Wenger in una lettera, che le sue entrate dalla Germania erano svalutate. In franchi diventavano

Georg Reinhart (1877 – 1955), ca. 1926
Georg Reinhart (1877 – 1955), 1926 ca.

bin ich vom späten Aufstehen bis Mittag draußen. Ist es gut sonnig und windstill, so suche ich eine Ecke im Wald oder bei einer Kirchenmauer, wo ich skizziere, Briefe schreibe etc., andernfalls laufe ich spazieren und brachte bis vor kurzem meistens auch eine Rocktasche voll Kastanien mit, die man dann abends in der Asche braten kann. Um Mittag esse ich, was meine grauhaarige kleine Köchin gekocht hat, Reis oder eine Suppe oder Maccaroni, esse einen Apfel und dann zünde ich nach Tisch zugleich mit der Zigarre auch das Feuerchen im Kamin an. Das brennt dann bis zum Abend, ich sitze davor und lege hie und da ein Scheit nach, Akazien-, Kastanien- und auch etwas Buchenholz, das sehr gut, aber teuer ist. Nach jetzigem Kurs würde der Zentner etwa soviel Mark kosten, als ich in Tübingen als Gehilfe in einem Monat verdiente. An diesem Kamin, in den man auch einen Kessel für heißes Wasser stellen […] kann, ist es dann wunderbar warm, aber eben nur vor dem Kamin, so daß ich meist dort sitze, das Schreibzeug auf den Knien, oder lesend.«[28]

Die grauhaarige Köchin war die zwergenkleine, damals 51-jährige Zugehfrau Natalina (Cavadini), die Hesse ab Oktober 1919 stundenweise den Haushalt führte und ihm bis zu ihrem Tod im März 1942 auch im späteren Haus beigestanden ist. »Ordnung machen, kochen, flicken und waschen«, schrieb er an Ludwig Finckh, »tut mir eine kleine alte Witwe aus dem Dorf, die jeden Morgen kommt. […] Sie kennt mein Bedürfnis nach Ruhe und hat Respekt vor mir. Nur etwa einmal im Monat muß ich lieb sein und sie eine Viertelstunde von ihrem Nino erzählen lassen, von ihrem verstorbenen einzigen Buben, […] der mit etwa zehn oder elf Jahren brav war wie ein Heiliger, stark wie ein Held, zeichnete wie Michelangelo, sang wie eine Nachtigall und jedermann bezauberte, obgleich er auf den Photographien, die sie von ihm zeigt, nicht so aussieht.«[29]

Kein Wunder, dass sich allmählich, nach vier durchfrorenen Wintern, bei Hesse rheumatische Beschwerden einstellten, die ihn dazu zwangen, seine Lebensweise zu ändern. Deshalb verbrachte er von 1923 bis 1932 die Monate November bis April

la metà di ciò che in Svizzera guadagnava uno spazzino. Invece, come riporta a Carl Seelig, era «diligente fino a fare scintille con la pittura, il disegno e la scrittura, come un industriale prussiano.»[27]

Non avesse potuto contare, a partire dal novembre del 1919, sull'aiuto del mecenate amico suo Georg Reinhart di Winterthur, così come su Alice e Fritz Leuthold di Zurigo, non gli sarebbe rimasto altro da fare che andarsene via da Montagnola. Fu sempre Georg Reinhart che gli mise a disposizione una stufetta elettrica per la stagione fredda. Il suo appartamento era difficile da riscaldare, fatta eccezione per il piccolo camino barocco che faceva fumo e la cui irradiazione di calore era piuttosto irrisoria. Per risparmiare la legna, lo accendeva sempre solo nel pomeriggio per poi restare incollato, fino all'ora in cui andava a letto, nel metro quadrato davanti alla sua apertura. Per la pittura non era ideale, la camera rimaneva fredda, ma per leggere, pensare e scrivere, la situazione era ancora accettabile. In una lettera del 22 dicembre 1919 scriveva a sua sorella Adele, offrendole una descrizione dei primi quattro inverni trascorsi in Casa Camuzzi, «Ogni giorno di sole rimango fuori, dalla tarda levata fino a mezzogiorno. Quando è ben soleggiato e non c'è vento, cerco un angolino nel bosco o vicino al muro di una chiesa dove faccio schizzi, scrivo lettere, ecc. Altre volte cammino o passeggio. Fino a poco tempo fa, per di più, portavo a casa le tasche piene di castagne che poi cuocevo nella brace alla sera. A mezzogiorno mangio quello che la mia piccola cuoca dai capelli grigi ha preparato, riso o una minestra o maccheroni, una mela, e dopo essermi alzato dal tavolo accendo nello stesso tempo un sigaro e il fuocherello del camino. Questo brucia fino a sera, mi siedo davanti e dispongo qui e là un legno di acacia, di castagno e anche un po' di legno di faggio, che è molto buono, ma anche molto caro. Al cambio attuale un quintale costa tanti marchi quanti ne guadagnavo a Tubinga come aiuto libraio in un mese. Vicino al camino, nel quale si può collocare anche un recipiente di acqua calda, […] vi è un bel calore, ma solo davanti, così che perlopiù siedo lì, con il

Die Köchin Natalina Cavadini (1868–1942) auf der Terrasse der Casa Camuzzi
La cuoca Natalina Cavadini (1868–1942) sulla terrazza di Casa Camuzzi

teils in den Thermalquellen von Baden, teils zur Miete, zunächst in der Nähe seiner zweiten Frau Ruth in Basel und später in Zürich, bis seine dritte Ehe mit Ninon Dolbin einen Umzug erforderlich machte in das künftige, gut beheizbare Haus, das ihnen 1931 die Züricher Freunde Elsy und Hans Conrad Bodmer erbauen ließen und auf Lebzeiten zur Verfügung stellten. Auch in der warmen Jahreszeit war sein Lebensstil so sparsam wie unbürgerlich. Noch immer passte die 1911 für die Reise nach Ceylon und Sumatra angeschaffte Garderobe aus weißem Leinen. Viele Fotos aus den ersten Jahren in Montagnola zeigen ihn darin, und so ist er auch den Bewohnern der Collina d'Oro in Erinnerung geblieben, wenn sie ihm morgens zwischen sieben und zehn Uhr mit Rucksack

necessario per la scrittura sulle ginocchia oppure leggendo.»[28]
La piccola cuoca dai capelli grigi era la cinquantunenne Natalina (Cavadini), la domestica a ore che rimase con lui dall'ottobre 1919, lavorando in un secondo tempo anche nella Casa Rossa, fino alla sua morte avvenuta nel marzo del 1942. «Per rassettare, cucinare, rammendare e lavare» scriveva a Ludwig Finckh «viene da me ogni mattina una piccola vecchia vedova del villaggio. […] Comprende il mio bisogno di silenzio e mi porta rispetto. Solo una volta al mese devo essere gentile e lasciarla raccontare per un quarto d'ora del suo Nino, il figlio unico morto, […] il quale a dieci o undici anni era buono come un santo, forte come un eroe, disegnava come Michelangelo, cantava come un usignolo e tutti amavano, sebbene non sembri così nelle fotografie che lei mostra.»[29]
Non c'è da stupirsi che dopo quattro inverni di gelo, Hesse iniziò ad avere disturbi reumatici che lo obbligarono a modificare il suo stile di vita. Per questo motivo, dal 1923 al 1932 decise di trascorrere i mesi invernali, da novembre ad aprile, alle terme di Baden o in affitto, inizialmente nelle vicinanze della sua seconda moglie Ruth a Basilea ed in seguito a Zurigo. Questi spostamenti durarono fino a quando, dopo il suo terzo matrimonio con Ninon Dolbin, fu necessario traslocare nella futura casa, finalmente ben riscaldata, che nel 1931 gli amici zurighesi Elsy e Hans Conrad Bodmer fecero costruire e gli diedero in usufrutto vitalizio. Anche durante le stagioni calde il suo stile di vita era frugale e molto poco borghese. Era tuttora di giusta misura il guardaroba di lino bianco acquistato nel 1911 per il suo viaggio a Ceylon e Sumatra. Molte fotografie dei suoi primi anni a Montagnola lo ritraggono così vestito e tale è rimasto nel ricordo degli abitanti di Collina d'Oro, quando lo incontravano sulla strada di buon mattino con il sacco in spalla e la seggiolina pieghevole, mentre si recava a dipingere. Infatti, nei mesi estivi la sua attività principale non era la letteratura bensì la pittura.
Fu Emmy Ball Hennings che raccontò in quale modo vennero alla luce i quasi tremila acquerelli che compongono la sua opera pittorica. Andando a fare la spesa lo incontrò presso

und Klappstühlchen unterwegs zu seinen Malausflügen begegneten. Denn in den Sommermonaten war sein Hauptberuf nicht die Literatur, sondern die Malerei.

Auf welche Weise die wohl fast dreitausend Aquarelle entstanden sind, die sein bildnerisches Werk umfassen, hat Emmy Ball-Hennings festgehalten. Auf dem Weg zum Einkaufen habe sie ihn unverhofft an einem Gehölz bei Agnuzzo entdeckt: »Der Dichter trug seinen weißen Tropenanzug, den er sich einmal für seine Indienreise besorgt hat. Die Knöpfe am Anzug sind, nebenbei bemerkt, indisches Geld, das er nicht alles hat ausgeben mögen [auch Elisabeth Rupp erwähnt in ihrer Erzählung *Malén und Eobar* diesen »Tropenanzug mit Knöpfen aus siamesischen Silbermünzen«, Anm.d.A.]. Der große, leichte Sonnenhut beschattete das schmale Gesicht, das über das Bild auf der Staffelei hinweg in die Gegend von Bioggio gerichtet war. Schon hatte der Künstler sein Publikum. Aufmerksame Kinder umstanden im Hintergrund die Staffelei, und das eine flüsterte dem anderen ein andächtiges ›molto bello‹ zu. Ich fügte mich unmerklich zu den Kindern, sah zu, wie gemalt wurde. Die Schleierleichtigkeit eines warmen Junimorgens. Am Himmel schwebte eine schaumig weiße Wolke, die am Nachmittag Gewitter bringen konnte. Aber der Maler schien nicht geneigt, diese Wolke auf seinem Bild anzumerken. Es machte mir einen starken Eindruck, daß die Gewitterwolke vermieden, wenn auch nicht übersehen wurde. Mein Mann daheim konnte aufs Mittagessen warten. Man aß ja täglich zweimal, aber Hermann Hesse malen, dichten zu sehen, das gab es vielleicht nur einmal. An diesem Morgen kam er zu uns, kam nur ›guten Tag‹ zu sagen und blieb lange, bis ›eine Stunde hinter Mitternacht‹.

Selbstverständlich brachte er auch das Bild mit, das unschuldvolle Lied der sommerlichen Farben. Vielleicht hat es inzwischen jemand käuflich erworben. Denn der Dichter verkauft auch Bilder, die er malt, um für das, was er dafür an Geld einnimmt, die Not in den Kriegsländern zu lindern. Auf diese Weise teilt er nicht nur das Schöne, das geistige Brot, sondern auch das alltägliche, das der Mensch zum Leben bedarf. So

un boschetto dalle parti di Agnuzzo: «Il poeta vestiva i suoi bianchi vestiti coloniali che si era procurato ai tempi del suo viaggio in India. I bottoni della giacca erano, per inciso, monete indiane che non era riuscito a spendere [anche Elisabeth Rupp ricorda nel suo racconto *Malén und Eobar* questi «vestiti coloniali con bottoni fatti di monete d'argento siamesi», N.d.A.]. Il grande e leggero cappello da sole faceva ombra al viso sottile, rivolto al di sopra del quadro posto sul cavalletto, verso la regione di Bioggio. L'artista aveva già il suo pubblico. Bambini attenti stavano dietro il cavalletto e si sussurravano l'un l'altro un solenne ‹molto bello›. Non vista, mi unii ai bambini e osservai come dipingeva. La leggerezza velata di una calda mattinata di giugno. Nel cielo era sospesa una bianca nuvola spumosa, che nel pomeriggio avrebbe potuto portare un temporale. Ma il pittore non sembrava incline a volerla ritrarre nel suo quadro. Mi fece una forte impressione che la nuvola temporalesca venisse evitata, seppure non ignorata. Mio marito poteva aspettare per il pranzo. Si mangiava due volte al giorno, ma osservare Hermann Hesse mentre dipingeva e faceva poesia, questo forse capitava una volta sola. Quella mattina venne da noi solo per un ‹buongiorno› e rimase a lungo, fino ‹ad un'ora dopo di mezzanotte›.

Ovviamente portò con sé anche il quadro, l'innocente canto dei colori estivi. Magari nel frattempo l'avrà venduto a qualcuno. Perché il poeta vendeva i quadri che dipingeva, attività che gli rendeva denaro per alleviare le necessità dei paesi colpiti dalla guerra. In questo modo non solo condivideva la bellezza, il pane spirituale, bensì anche il quotidiano di cui l'essere umano aveva bisogno. Così i suoi amici, possono partecipare con facilità al miracolo della moltiplicazione del pane.»[30]

A partire dal 1923 Hesse decise di trascorrere l'inverno nuovamente nella «civiltà», offrendo una tutt'altra immagine. Con il cuore pesante, scriveva nel saggio *Autunno* (1926) che dopo i mesi estivi ticinesi, indossava «di nuovo un colletto, una cravatta, una giacca, un cappotto»[31], per mostrarsi «in Europa» così abbigliato, a causa delle stufe bollenti. Era la mimetizzazione del *Lupo della steppa*, che prendeva lezioni di ballo a

> Hermann Hesse in Montagnola, Anfang der 30er Jahre
> Hermann Hesse a Montagnola, inizi anni Trenta

können sich seine Freunde leicht am Wunder solcher Brotvermehrung beteiligen.«[30]

In den Wintern freilich, die Hesse ab 1923 wieder »in der Zivilisation« verbrachte, bot er ein ganz anderes Erscheinungsbild. Nur schweren Herzens, schreibt er in der Betrachtung *Herbst* (1926), ziehe er nach den Tessiner Sommermonaten »wieder einen Kragen, eine Krawatte, eine Weste, einen Mantel an«[31], um sich in solcher Verkleidung, der warmen Öfen wegen, »in Europa« blicken zu lassen. Das war die Mimikry des *Steppenwolfs*, der in Zürich Tanzstunden nahm und Maskenbälle besuchte, um »aus dem verbissenen Einsiedler Hesse ein gutes, dummes und etwas vergnügtes Vieh zu machen«. Denn es sei ihm leider nicht gegeben, konsequent und charaktervoll auf endgültigen Gesinnungen zu beharren. Dieser abrupte Wechsel von Urbanität und Einsiedlertum, von aktivem und kontemplativem Leben, zeitkriti-

Zurigo e partecipava ai balli in maschera, per «fare, del serio eremita Hesse, un buon capo di bestiame, stupido e abbastanza divertito.» Sventuratamente non era infatti da lui indugiare in atteggiamenti definitivi con testardaggine e carattere. Questo mutamento brutale dall'eremitaggio alla civiltà, dalla vita contemplativa a quella attiva, dal rifiuto meditativo del mondo all'impegno critico contemporaneo, caratterizzerà tutta la sua vita e lo si ritrova nell'atmosfera contraddittoria dei suoi libri, parte dei quali sono contemplativi ed altri sovversivi. Nel 1923, nel libro *La cura* ne menziona i motivi: «Ho la disgrazia, vedi, di contraddirmi continuamente. La realtà lo fa sempre, è solo lo spirito che non lo fa, e nemmeno la virtù. […] Ad esempio dopo una faticosa camminata sotto il solleone posso morire dalla voglia di un bicchiere d'acqua e dichiarare l'acqua la migliore cosa del mondo. Ma un quarto d'ora più tardi, dopo aver bevuto, non c'è niente che mi

schem Engagement und meditativer Weltverleugnung kennzeichnet sein ganzes Leben wie auch das antagonistische Klima seiner teils besinnlichen, teils aufbegehrenden Bücher. In der 1923 geschriebenen *Psychologia Balnearia* (*Kurgast*) nennt er die Gründe: »Ich habe das Unglück, daß ich mir selber stets widerspreche. Die Wirklichkeit tut das immer, bloß der Geist tut es nicht und die Tugend tut es nicht. […] Zum Beispiel nach einem scharfen Marsch im Sommer kann ich vom Verlangen nach einem Becher voll Wasser völlig besessen sein und Wasser für das wunderbarste Ding in der Welt erklären. Eine Viertelstunde später, wenn ich getrunken habe, ist nichts auf Erden mir so uninteressant wie Wasser und Trinken. […] Ebenso wie ich zwischen Essen und Fasten, Schlafen und Wachen beständig abwechseln muß, muß ich auch zwischen Natürlichkeit und Geistigkeit, zwischen Erfahrung und Platonismus, zwischen Ordnung und Revolution, zwischen Katholizismus und Reformationsgeist beständig hin und her pendeln. Daß ein Mensch […] immer Revolutionär und niemals Konservativer sein kann oder umgekehrt, das scheint mir zwar sehr tugendhaft, charaktervoll und standhaft, aber es scheint mir auch ebenso fatal, als wenn einer immerdar essen oder immerdar nur schlafen wollte.«[32]

Doch die Konzerte, die er nun wieder hören, die Ausstellungen, Bibliotheken und Freunde, die er in Basel und Zürich besuchen konnte, waren nur ein notdürftiger Ersatz für die Lebens- und Arbeitsintensität der warmen Jahreszeit. Die kulturellen Sensationen der Stadt konnten es nicht aufnehmen mit den ursprünglicheren Reizen des Tessins, seinen »halb heidnischen Wald- und Feldkapellen, ihrem bröckelnden Verputz und den zartfarbigen Resten alter gemalter Engel unter den Kirchendächern aus rohen Gneisplatten«.[33] Und was war die Wärme aller Zentralheizungen verglichen mit dem Klima im abendlichen Kastanienwald, worin »die eingefangene Wärme des Tages wie Honig hängt«? Auch all den Einladungen zu Dichterlesungen, die er meist nur akzeptierte, wenn sie sich mit Besuchen bei seinen Verwandten in Württemberg und Freunden verbinden ließen, kam er bevorzugt in den

Hermann Hesse, 1927
Hermann Hesse, 1927

Herbst- und Wintermonaten nach. Er unternahm diese Exkursionen zu öffentlichen Auftritten, um »wieder einmal die Drehorgel zu spielen«,[34] nicht sonderlich lustbetont, wie wir aus seinem Bericht *Die Nürnberger Reise* wissen, und nur bis zu Beginn der dreißiger Jahre, weil es ihm eigentlich widerstrebte »den berühmten Mann zu spielen und den Leuten für Geld vorzusingen« (am 31. Januar 1922 an seine Schwester Marulla). Denn diese Leseabende seien ein Inbegriff des Personenkultes und Eitelkeitsmarktes, den wir statt wirklichen Künstlertums hätten. Und das Publikum kannte er ohnehin zur Genüge, teils durch die massenhafte Briefpost, teils durch die vielen Besucher. Seinerseits Kollegen aufzusuchen und »über Kunst zu schwatzen«, hatte er kein Bedürfnis, zumal viele von ihnen ohnehin nach Montagnola kamen, darunter Max Brod, Bertolt Brecht, Martin Buber, André Gide, Richard Huelsenbeck, Klabund, Annette Kolb, Thomas Mann, Romain Rolland, René Schickele, Ernst Toller, Jakob Wassermann, Stefan Zweig und viele andere.

Die liebste Gesellschaft in Montagnola war ihm der Umgang mit gleichgesinnten Kollegen und Nachbarn wie Hugo Ball und seiner Frau Emmy Ball-Hennings. Bei Hugo Ball, dem Verfasser der *Kritik der deutschen Intelligenz*, gab es keine politischen Meinungsverschiedenheiten und Missverständnisse. Ihn versuchte Hesse, der damals kaum selbst über das Existenzminimum verfügte und noch von Mäzenen abhängig war, auf jede Weise zu stützen, um ihm das Leben im Tessin zu ermöglichen. »Ich habe«, schrieb er am 9. September 1922 an seinen Gönner H. C. Bodmer, »nun einen Freund gefunden, Fabrikant Wenger aus Delsberg. [...] Herr Wenger ist bereit ist, teilweise, sagen wir zur Hälfte, für die Kosten aufzukommen, um Herrn und Frau Ball zunächst für ein Jahr ein einfaches Leben hier zu ermöglichen. Wäre es möglich, lieber Herr Bodmer, daß Sie dabei mittun und, zunächst für ein Jahr, die zweite Hälfte aufbringen würden? Sie täten damit nicht bloß mir und den beiden Balls, sondern auch der Menschheit einen Dienst, denn diese Menschen gehören zu den paar geistig wertvollsten unserer Zeit. [...] Für mich kommt ein ego-

interessi meno dell'acqua e del bere. [...] Come sono costretto, infatti, ad alternare di continuo alimentazione e digiuno, veglia e sonno, così devo anche oscillare di continuo tra natura e spirito, tra empirismo e platonismo, tra ordine e rivoluzione, tra cattolicesimo e spirito protestante. Che un uomo [...] possa sempre essere rivoluzionario e mai conservatore e viceversa, mi sembra, sì, una gran prova di virtù, di carattere e di fermezza, ma mi sembra anche, e non meno, una cosa esiziale, come se uno volesse sempre solo mangiare o dormire.«[32]

I concerti che ora frequentava di nuovo, le mostre, le biblioteche e gli amici che visitava a Basilea e a Zurigo, erano solo una compensazione incompleta all'intensità della vita e del lavoro della stagione estiva. Le impressioni culturali della città non potevano competere con le bellezze naturali del Ticino, con le sue «chiesette e cappelle mezzo pagane, il loro intonaco rovinato e i resti di un'antica immagine di un angelo con colori stinti dal tempo sotto i loro tetti coperti da grezze lastre di gneis.»[33] E cos'era il calore di tutti i riscaldamenti centralizzati paragonato al clima serale di un bosco di castani, dove «il calore catturato del giorno rimane appiccicato come miele»? Nei mesi autunnali ed invernali assolveva inoltre agli inviti per le letture di poesie, che accettava perlopiù se si potevano associare a visite a parenti nel Württemberg o ad amici. Accettava queste apparizioni pubbliche per «giocare ancora una volta all'organetto»[34] e non per puro piacere, come apprendiamo da *Viaggio a Norimberga*. Mantenne inoltre quest'attività solo fino agli inizi degli anni Trenta, poiché odiò sempre «fare l'uomo famoso ed esibirsi davanti alla gente per soldi», scriveva il 31 gennaio 1922 alla sorella Marulla. Perché queste serate di lettura sono l'archetipo del culto della personalità e del mercato delle vanità, che noi possediamo invece della reale essenza dell'artista. E inoltre conosceva già bene il pubblico, sia attraverso la massiccia corrispondenza che teneva, sia per le numerose visite che riceveva. Non aveva bisogno di andare in visita a colleghi per «chiacchierare sull'arte», perché molti di loro arrivavano comunque a Montagnola, tra i quali Max Brod, Bertolt Brecht, Martin Buber, André Gide,

istisches Motiv hinzu: natürlich läge mir ungeheuer viel daran, diese für mich so wertvollen, lieben und geistvollen Menschen in der Nähe behalten zu dürfen.«[35] Daraufhin sandte H. C. Bodmer kommentarlos fünftausend Franken, was den beiden zwei weitere Jahre im Tessin ermöglichte. Dass Hugo Ball 1927 die erste und bisher unübertroffene Hesse-Biografie schreiben würde, konnte er damals noch nicht wissen. Und als dieser Kollege schon mit 41 Jahren, kurz nach Vollendung des Buches, an einem Krebsleiden starb, war Hesse schwer getroffen. In *Narziß und Goldmund* hat er ihn dankbar und dauerhaft über den Tod hinaus lebendig gehalten. Mit ihm teilte der Protestantensohn Hesse auch die Liebe zum sinnenfrohen Katholizismus der Tessiner, in deren heidnisch-ursprünglicher Frömmigkeit fand er »etwas Uraltes Kultiviertes und doch Primitives, eine Unschuld und Reife, die der Norden nicht hat. Die kleinen Kapellen und Bildstöcke, die farbig und zum Teil verfallend, fast alle von Kindern mit Feldblumen geschmückt, überall an den Wegen zu Ehren der Heiligen standen«, schienen ihm »denselben Sinn zu haben und aus demselben Geist zu stammen, wie die vielen kleinen Tempel und Heiligtümer der Alten, die in jedem Hain, Quell oder Berg eine Gottheit verehrten und deren heitere Frömmigkeit nach Brot, Wein und Gesundheit duftete.«[36] Mit Emmy und Hugo Ball besuchte er die Wallfahrtsprozessionen zu einer im tiefen Kastanienwald verborgenen Marienkapelle. Diesen Ausflügen verdanken wir zwei seiner schönsten Tessiner Betrachtungen.[37]

Unter den vielen Besuchern, die Hesse in der Casa Camuzzi aufsuchten, waren auch immer wieder Frauen, die sich, im Verlauf seiner problematischen zweiten Ehe mit Ruth Wenger und nach deren Lösung 1927, Hoffnung auf eine Liaison mit dem bindungsscheuen Dichter machten. Die ausdauerndste von ihnen war Ninon Dolbin, verheiratet mit dem namhaften Karikaturisten Benedikt Fred Dolbin, der viele deutsche Blätter, unter anderen auch *Die literarische Welt* mit Portraitzeichnungen bekannter Persönlichkeiten, seinen sogenannten Kopfstenogrammen versorgte. An Hesse hatte diese Tochter

Richard Huelsenbeck, Klabund, Annette Kolb, Thomas Mann, Romain Rolland, René Schickele, Ernst Toller, Jakob Wassermann, Stefan Zweig e tanti altri.

La compagnia più gradita che aveva a Montagnola era quella del collega Hugo Ball, con il quale aveva opinioni affini, e della moglie Emmy Ball-Hennings. Con Hugo Ball, autore della *Kritik der deutschen Intelligenz*, non vi erano differenze di vedute politiche o fraintendimenti. Hesse, che anch'egli a suo tempo aveva a disposizione appena il minimo essenziale per vivere e dipendeva ancora dall'aiuto mecenate di amici, cercò di aiutarlo in tutti i modi a stabilirsi in Ticino. «Ora ho trovato un amico» scriveva il 9 settembre 1922 al suo sostenitore H. C. Bodmer, «l'imprenditore Wenger di Delsberg, […] il quale è disposto a coprire, diciamo, la metà dei costi, affinché per il signore e la signora Ball sia possibile condurre qui una vita semplice, inizialmente per un anno. Sarebbe possibile, caro signor Bodmer, che lei contribuisse per un anno a coprirne l'altra metà? Lei così farebbe un servizio non solo a me ed ai signori Ball, ma a tutta l'umanità, dato che queste persone appartengono a coloro i quali possiedono il più grande valore spirituale dei nostri tempi. […] Aggiunga un motivo di natura egoistica: per me significa molto che due persone così di valore, così amabili e spirituali possano restare nelle vicinanze».[35] Dopodiché H. C. Bodmer spedì, senza commenti, cinquemila franchi, soldi che permisero alla coppia di restare in Ticino per altri due anni. Che Hugo Ball nel 1927 avrebbe scritto la prima e fino ad ora ineguagliata biografia di Hesse, non poteva allora saperlo. E che questo amico e collega, a quarantun anni, poco dopo aver finito la stesura del libro morì di cancro, fu per Hesse un duro colpo. Grato e in eterno, lo manterrà in vita oltre la morte in *Narciso e Boccadoro*. Con lui Hesse, figlio di protestanti, condivise l'amore per il cattolicesimo spensierato dei ticinesi, nella cui religiosità pagana e originaria trovava «qualcosa appartenente ad una cultura arcaica, primitiva, un'innocenza e una maturità, che il nord non possiede. Ovunque sui sentieri si trovano le piccole cappelle e le edicole in memoria dei santi, con

Hermann Hesse und Ninon Dolbin vor der Casa Camuzzi, 1929
Hermann Hesse e Ninon Dolbin davanti a Casa Camuzzi, 1929

eines jüdischen Anwalts aus Czernowitz bereits seit ihrem funfzehnten Lebensjahr Briefe geschrieben. Im März 1926 suchte sie ihn erstmals in seinem Züricher Winterquartier am Schanzengraben auf, um sich künftig, trotz seines Widerstandes, nicht davon abbringen zu lassen, ihm unersetzlich zu werden. Hesses Versuch, mit Ruth Wenger »die Möglichkeit einer Ehe ohne bürgerliche Form« zu erproben, war inzwischen gescheitert. Ruths Tuberkulose, die sie während der Sommer 1925/1926 zu monatelangen Liegekuraufenthalten zwang, erlaubte damals nur in den Wintern eine gewisse Nähe zu Hesse. Die wenigen Monate, die sie in Basel, in getrennten Wohnungen, gemeinsam verbrachten, hatten sich

i loro colori rovinati dal tempo, quasi tutte ornate di fiori portati dai bambini», che a lui parevano «avere il medesimo senso e nascere dallo stesso spirito dei numerosi piccoli templi e santuari dell'antichità, i quali, in ogni boschetto, sorgente o montagna, erano dedicati all'adorazione di una divinità e la cui serena religiosità profumava di pane, vino e salute.»[36] Con Emmy e Hugo Ball prese parte alla processione che si recava in pellegrinaggio ad una cappella dedicata alla Madonna, nascosta in un profondo bosco di castani. Dobbiamo a queste escursioni due della sue più belle pagine sul Ticino.[37]

Tra i molti visitatori di Hesse in Casa Camuzzi, vi erano sempre più donne, le quali nel corso del suo secondo problematico

als so unbefriedigend erwiesen, dass Ruth ab Januar 1927 die Scheidung betrieb. Genau in diesen Wochen, als Hesse soeben das *Steppenwolf*-Manuskript abgeschlossen und sich für einige Tage erschöpft zu den Schwefelquellen nach Baden zurückgezogen hatte, tauchte Ninon Dolbin auf. Sieben Wochen später besuchte die damals 31-jährige ihn abermals kurz in Zürich, um ihm im April nach Montagnola zu folgen. Entschlossen, von nun an in seiner Nähe zu bleiben, nahm sie Quartier in einem Gasthof: »Momentan ist eine Frau aus Wien da«, schrieb Hesse Anfang April an den befreundeten Maler Ernst Morgenthaler, »die plötzlich hergereist kam, weil sie mich gern hat, aber obwohl sie mir gefällt und ganz lieb ist, kann ich nichts mit ihr anfangen, und stehe der dramatischen Lage ohne allen Humor gegenüber.«[38] Doch die studierte Kunstgeschichtlerin, die sich als ausgezeichnete Kennerin seines Werkes und überdies als talentierte Vorleserin erwies, verstand es, sich dem augenleidenden Dichter bald schon so nützlich zu machen, dass er sich nicht mehr dagegen sträubte, als sie kurz darauf im gegenüberliegenden Flügel der Casa Camuzzi die Parterrewohnung bezog, um sich zu fest fixierten Tageszeiten mit ihm zu treffen. »Eine Symbiose ist es natürlich nicht«, schrieb Hesse am 25. Juli 1927 an Helene Welti, »sie wohnt im Nebenhaus und ißt im Restaurant, aber sie ist doch da, und damit ist diesmal mein hiesiges Einsiedlerleben etwas verändert.«[39] Ninon blieb fünf Monate lang in Montagnola und ist Hesse im Verlauf der nächsten Jahre, die im Juli 1931 zu ihrer Scheidung von B. F. Dolbin führten, so unentbehrlich geworden, dass er sie nach langem Widerstreben im November 1931 heiratete. Es war seine letzte und geglückteste Ehe, die jedoch seinem Aufenthalt in der Casa Camuzzi ein Ende setzte. Denn für poetische Zigeunerwirtschaft hatte diese Tochter aus großbürgerlichem Hause durchaus keinen Sinn.

So war es auch für Ninon ein Geschenk des Himmels, als Hesses Züricher Freunde Elsy und Hans Conrad Bodmer ihnen im April 1930 anboten, in Montagnola ein neues Haus zu errichten, worin sie lebenslanges Wohnrecht erhalten soll-

matrimonio con Ruth Wenger e dopo il divorzio del 1927, speravano di instaurare un legame con lo sfuggente poeta. La più perseverante tra loro fu Ninon Dolbin, moglie del rinomato caricaturista Benedikt Fred Dolbin che forniva i suoi cosiddetti ‹stenogrammi di teste› a diverse riviste tedesche, tra le quali *Die literarische Welt* con ritratti di personalità famose. Figlia di un avvocato ebreo di Czernowitz, teneva una corrispondenza con Hesse già da quando aveva quindici anni. Nel marzo del 1926 lo cercò per la prima volta nel suo rifugio invernale zurighese di Schanzengraben, per non più cambiare in futuro l'idea di essergli ormai diventata indispensabile, nonostante la sua resistenza.

Il tentativo di Hesse di sperimentare con Ruth Wenger «la possibilità di un matrimonio senza consuetudini borghesi» era nel frattempo naufragato. La tubercolosi di Ruth, che la obbligò durante le estati del 1925 e 1926 a prolungati soggiorni di cura in sanatorio, gli consentiva una certa vicinanza con Hesse solo duranti gli inverni. I pochi mesi che passarono assieme a Basilea, in appartamenti separati, si dimostrarono così deludenti, che Ruth, nel gennaio del 1927, chiese il divorzio. Proprio in quelle settimane, nel momento in cui Hesse terminò il manoscritto de *Il lupo della steppa* e si ritirò, esaurito, per alcuni giorni alle terme sulfuree di Baden, ricomparve Ninon Dolbin: sette settimane più tardi, l'allora trentunenne Ninon, gli fece ancora una breve visita a Zurigo, per poi seguirlo, in aprile, a Montagnola. Decisa a rimanere d'allora in avanti al suo fianco, prese alloggio in un alberghetto: «Vi è qui, per ora, una signora da Vienna», scrive Hesse all'inizio di aprile all'amico pittore Ernst Morgenthaler, «la quale è arrivata all'improvviso, il motivo è che le piaccio, ma nonostante anche a me lei piaccia, e sia inoltre molto gentile, non posso iniziare nulla con lei e sto affrontando questa drammatica situazione senza alcun umorismo.»[38] Ma la giovane studentessa di storia dell'arte, che si dimostrò una perfetta conoscitrice della sua opera ed una lettrice di talento, seppe ben presto rendersi utile al poeta, il quale soffriva agli occhi. Egli non ebbe così nulla da ridire quando lei, poco

> Hermann Hesse, *Im Wald*, Federzeichnung, 1930
> Hermann Hesse, *Im Wald*, disegno a china, 1930

ten. Den praktischen Teil dieser Unternehmung nahm denn auch Ninon in die Hand, um den Dichter so gut wie möglich zu entlasten. Und als dann im Juli 1930 oberhalb des Dorfes, in Sichtweite der Casa Camuzzi, der Bauplatz gefunden und das rot verputzte Haus, die Casa Rossa, nach neun Monaten Plackerei im Mai 1931 schlüsselfertig dastand, war ihr eine weitere Bewährungsprobe geglückt. Doch immer noch bedurfte es der sanften Nachhilfe Elsy Bodmers, bis Hesse seinen Horror vor einer neuen Ehe überwand und sich allmählich mit dem Gedanken befreundete, das Verhältnis mit Ninon zu legalisieren. Im Juni 1931 fand der Umzug und im November die Hochzeit statt.

Wie oft bei solchen Zäsuren, hatte es auch diesmal Vorboten gegeben, welche die Veränderungen der Lebensumstände erleichterten. 1927 hatte ein Sturm den alten Judasbaum vor seinem Camuzzi-Fenster entwurzelt. Die Betrachtung *Klage um einen alten Baum*[40] ist ein wehmütiger Nachruf auf diesen exotischen Riesen. Aber bei diesem einen Abschied ist es nicht geblieben. Als Hesse drei Jahre später von seinem Züricher Winterquartier wieder zurück nach Montagnola kam, gab es erneut unliebsame Überraschungen: »Die Ankunft war nicht schön und recht sonderbar, beinah unheimlich«, schrieb er am 26. Mai 1930 seinem Sohn Bruno, »als ich in meine Wohnung wollte, war die Haustür nicht mehr da, statt ihrer ein Fenster. Die Tür war verlegt worden. Und oben in meinem Studio war es so sonderbar anders als sonst, so kahl und hell und da sah ich, daß Klingsors große Magnolie vor dem Balkönchen umgehauen war. Seither, obwohl ich Wohnung und Haus noch immer sehr gern habe, fällt der Gedanke an eine Änderung mir leicht.«[41] Die beiden Bäume, derentwegen er auch die Casa Camuzzi bezogen hatte, weil deren Laub Balkon und Wohnung verbargen wie den Horst eines Vogels, waren verschwunden und der Paradiesgarten entzaubert.

Nicht ohne Wehmut nahm Hesse nun Abschied von der Casa Camuzzi, die ihm zwölf Jahre lang Heimat gewesen war. Nochmals malte er das alte Gemäuer mit all seinen verwinkelten Perspektiven in einer Serie von Aquarellen und schrieb

tempo dopo, occupò l'appartamento al piano terra dell'ala opposta di Casa Camuzzi, allo scopo di incontrarsi in alcune ore del giorno prefissate. «Naturalmente non è una simbiosi», scriveva Hesse il 25 luglio 1927 a Helene Welti, «lei vive nella casa a fianco e mangia al ristorante, ma è comunque presente, e così questa volta la mia vita da eremita è un po' cambiata.»[39] Ninon rimase cinque mesi a Montagnola e nel corso degli anni seguenti, che portarono al suo divorzio con B. F. Dolbin nel luglio del 1931, diventò in tal modo indispensabile per Hesse che egli la sposò, dopo una lunga resistenza, nel mese di novembre del 1931. Fu il suo ultimo e più fortunato matrimonio, che concluse la sua residenza in Casa Camuzzi. Per questa figlia dell'alta borghesia la poetica vita da zingari non aveva senso.

Anche a Ninon apparve dunque un dono del cielo, nell'aprile 1930, la proposta degli amici zurighesi di Hesse, Elsy e Hans Conrad Bodmer, di offrire loro la costruzione e l'usufrutto vitalizio di una nuova casa a Montagnola. Ninon prese in mano le questioni pratiche legate a quest'impresa per alleggerire Hesse il più possibile da questo incarico. E quando nel giugno del 1930, al di sopra del villaggio, con vista sulla Casa Camuzzi, fu trovato il terreno edificabile e, dopo una faticaccia di nove mesi fu eretta, nel maggio 1931, la casa intonacata di rosso, Ninon era riuscita in un'altra dura prova di efficacia. Ma ci volle ancora il dolce aiuto di Elsy Bodmer affinché Hesse superasse l'orrore di un nuovo matrimonio e si abituasse con il pensiero di legalizzare il suo rapporto con Ninon. Nel giugno del 1931 vi fu il trasloco e in novembre il matrimonio.

Come spesso durante i periodi di rotture, anche questa volta vi furono alcune avvisaglie che facilitarono in qualche modo il cambiamento delle sue condizioni di vita. Nel 1927 una tempesta sradicò il vecchio albero di Giuda davanti alla sua finestra in Casa Camuzzi. Il racconto *Compianto per un vecchio albero*[40] è un nostalgico necrologio di questo esotico gigante. Ma questa dipartita non era ancora sufficiente. Tre anni più tardi, di ritorno a Montagnola dal suo rifugio invernale di Zurigo, Hesse trovò di nuovo sgradevoli sorprese: «L'arrivo

Innenhof der Casa Camuzzi
Cortile di Casa Camuzzi

unter dem Titel *Beim Einzug in ein neues Haus* eine Retrospektive über alle Häuser, »welche in früheren Epochen meines Lebens mir Obdach geboten und mein Leben und meine Arbeit beschützt haben«.[42] Mit einem liebevollen Nachruf auf die Casa Camuzzi klingt sie aus. Mit dem Umzug ins neue Haus aber war Hesses Verhältnis zu seiner ›Klause Malepartus‹, wie er die alte Wohnung nannte, durchaus noch nicht beendet. Das Zeitalter des Nationalsozialismus zeichnete sich ab und kaum zwei Jahre später kamen die ersten Emigranten. Soweit sie nicht bei ihm in der Casa Rossa untergebracht werden

non è stato buono, direi piuttosto bizzarro, quasi inquietante», scrisse a suo figlio Bruno il 26 maggio del 1930. «Quando volli entrare nel mio appartamento, la porta d'entrata non c'era più, al suo posto vi era una finestra. La porta era stata spostata. E di sopra, nel mio studio, era tutto curiosamente diverso, nudo e chiaro e qui vidi che la grande magnolia di Klingsor, davanti al balconcino, era stata abbattuta. Da allora, nonostante continuo ad amare l'appartamento e la casa, mi riesce più facile il pensiero di un cambiamento.»[41] Entrambi gli alberi, una delle ragioni per le quali scelse di vivere in Casa Camuzzi, il cui fogliame circondava il balcone e l'appartamento come il nido di un uccello, erano spariti e il giardino del paradiso aveva perso la magia.

Non senza dolore Hesse prese congedo da Casa Camuzzi, che durante dodici anni fu la sua patria. Dipinse ancora una volta, in una serie di acquerelli, il vecchio edificio con tutte le sue tortuose prospettive e scrisse in *Entrando in una nuova casa* una retrospettiva su tutte le case «che in epoche precedenti della mia vita mi hanno offerto un tetto proteggendo la mia esistenza e il mio lavoro».[42] Concluse con un addio pieno d'amore a Casa Camuzzi. Con il trasloco nella nuova casa il rapporto che Hesse aveva con la sua ‹Tana della volpe›, così come chiamava il suo vecchio appartamento, non era però affatto concluso. Il periodo del nazionalsocialismo si stava configurando e appena due anni dopo arrivarono i primi emigrati. Quando non poteva ospitarli presso di lui nella Casa Rossa, si preoccupò che trovassero un rifugio in Casa Camuzzi, soprattutto i casi complicati che cercavano l'aiuto e la vicinanza di Hesse per lunghi periodi.

Nel maggio del 1933 arrivò il ventiduenne pittore di Dresda, Gunter Böhmer, il quale aveva studiato a Berlino presso Emil Orlik e Hans Meid, e occupò una mansarda di Casa Camuzzi. Hesse, al quale Böhmer da due anni scriveva meravigliose lettere illustrate, gli procurò il primo incarico di illustratore di libri; prima presso la casa editrice dello zio David Gundert a Stoccarda e più tardi nella sua casa editrice S. Fischer di Berlino. Prese avvio così la favolosa carriera

Peter Weiss, *Luganersee*, Öl auf Leinwand, 1937
Peter Weiss, *Luganersee*, olio su tela, 1937

konnten, sorgte er dafür, dass sie im Camuzzi-Haus Unterschlupf fanden, besonders die komplizierteren Fälle, die für längere Zeit Hesses Beistand und Nähe suchten.
Im Mai 1933 kam der junge Dresdner Maler Gunter Böhmer, der in Berlin bei Emil Orlik und Hans Meid studierte, und bezog in der Casa Camuzzi eine Mansardenwohnung. Hesse verschaffte dem 22-jährigen, der ihm seit zwei Jahren zauberhafte Bilderbriefe geschrieben hatte, erste Illustrationsaufträge für Bücher; zuerst im Stuttgarter Verlag seines Onkels David Gundert, später bei seinem eigenen Verleger S. Fischer in Berlin. Gunter Böhmers einzigartige Karriere als Buch- und Umschlaggestalter nahm damit ihren Anfang.
1937 kam der junge Schriftsteller Peter Weiss. Auf der Flucht vor den Nationalsozialisten in die Tschechei emigriert, hatte er alles von Hesse gelesen und sich mit dem *Steppenwolf* so

di Gunter Böhmer quale illustratore di libri e copertine.
Nel 1937 arrivò il giovane scrittore Peter Weiss. Emigrato in Cechia nella fuga dai nazisti, aveva letto tutto di Hesse e si identificava così tanto con *Il lupo della steppa* che scrisse e spedì «all'egregio signor Hesse», allo stesso modo di numerosi altri artisti, i suoi primi manoscritti di racconti, illustrazioni e poesie. Così come Hesse nella sua prima opera giovanile in prosa *Hermann Lauscher*, (del quale era appena apparsa una ristampa con le illustrazioni di Gunter Böhmer), anche Weiss nel suo manoscritto *Die Inseln*, giocava la parte del personaggio fittizio del poeta Skruwe e notò sul frontespizio «Per gentile concessione dell'Archivio Federale», con un riferimento diretto al racconto di Hesse *Pellegrinaggio ad oriente* (1931). La risposta di Hesse del 21 gennaio 1932 mostra che riconobbe immediatamente il talento del ventenne Peter Weiss, anche se i suoi disegni gli apparvero più anticonformisti e autonomi dei suoi inizi letterari, i quali invece riteneva ancora troppo influenzati dalla sua persona. «Lei ha senz'altro talento, sia come poeta, sia come disegnatore» gli scrisse allora. «I suoi disegni mi paiono essere più maturi e indipendenti dei suoi scritti. Mi viene da pensare che lei, come disegnatore, raggiungerà la meta e otterrà riconoscimenti più velocemente che come poeta».[43] Accanto all'analisi critica del testo, la lettera conteneva la proposta di inviare al successore del suo editore S. Fischer, alcuni esempi dei suoi disegni quali bozze per copertine di libri o illustrazioni e che avrebbe senz'altro potuto fare riferimento alla sua raccomandazione. «Era la prima persona», ricordava Peter Weiss nel 1974 «che prendesse sul serio il mio lavoro, che si interessasse alla mia problematica.»[44] Durante l'estate del 1937 anche Weiss si recò a Montagnola e soggiornò per sei settimane in Casa Camuzzi, prima che Hesse (attraverso l'amico scrittore Max Barth, emigrato a Praga) lo mettesse in contatto con il professor Willi Nowak dell'Accademia d'arte di Praga. Un anno più tardi, accompagnato da Robert Jungk e Hermann Levin Goldschmidt, Peter Weiss si recò nuovamente a Montagnola. Questa volta abitò in Casa Camuzzi per alcuni mesi e più tardi, fino ad ottobre del 1938, nel villaggio

sehr identifiziert, dass er an den »verehrten Herrn Hesse« schrieb und ihm, wie unzählige andere, erste Manuskripte mit Geschichten, Bildern und Gedichten zusandte. Wie Hesse in seinem frühen Prosabuch *Hermann Lauscher* (das soeben mit Illustrationen von Gunter Böhmer neu erschienen war), trat er in einem seiner Manuskripte *Die Insel* als Herausgeber eines fiktiven Poeten Skruwe auf und vermerkte mit einer Anspielung auf Hesses Märchen *Die Morgenlandfahrt* (1931) auf dem Titelblatt: »Mit freundlicher Genehmigung des Bundes-Archivs«. Hesses Antwort vom 21. Januar 1932 zeigt, dass er das Talent von Peter Weiss sofort erkannte, wenn ihm auch die Zeichnungen des damals 20-jährigen eigenständiger vorkamen als seine literarischen Anfänge, die er noch für zu stark von sich selbst beeinflusst hielt. »Begabung haben Sie ohne Zweifel, sowohl als Dichter wie als Maler«, schrieb er ihm damals. »Ihre Zeichnungen scheinen mir schon reifer und selbständiger zu sein als das Geschriebene. Ich könnte mir denken, daß Sie als Zeichner rascher fertig werden und auch Anerkennung finden, denn als Dichter«.[43] Neben einer kritischen Analyse des Textes mündet der Brief in den Vorschlag, Peter Weiss möge doch dem Nachfolger seines verstorbenen Verlegers S. Fischer einige Proben seiner Zeichnungen als Muster für Buchumschläge oder Illustrationen zusenden und könne sich dabei gern auf Hesses Empfehlung berufen. »Er war der erste Mensch«, erinnerte sich Peter Weiss 1974, »der mich in meiner Tätigkeit ernst nahm und auf meine Problematik einging«.[44] Im Sommer 1937 kam auch er nach Montagnola und wurde für sechs Wochen in der Casa Camuzzi untergebracht, bevor ihn Hesse (durch seinen nach Prag emigrierten Schriftstellerfreund Max Barth) zu Professor Willi Nowak an die Prager Kunstakademie vermitteln ließ. Ein Jahr später, in Begleitung von Robert Jungk und Hermann Levin Goldschmidt, wiederholte Peter Weiss seinen Aufenthalt in Montagnola. Er wohnte diesmal einige Monate lang in der Casa Camuzzi und danach bis Oktober 1938 im benachbarten Dorf Carabietta, direkt am Ufer des Luganer Sees. Um finanziell »zu helfen, ihn über die Monate seiner Schweizer

Peter Weiss in Montagnola, 1937
Peter Weiss a Montagnola, 1937

Gunter Böhmer und Hermann Hesse, 1933
Gunter Böhmer e Hermann Hesse, 1933

Aufenthaltsbewilligung durchzubringen«, gab Hesse ihm den Auftrag, für einen seiner Mäzene zwei seiner Erzählungen zu illustrieren, deren Publikation 1974 und 1977 Peter Weiss noch erlebt hat.[45]

Sowohl der später als Maler und insbesondere als Buchillustrator berühmt gewordene Gunter Böhmer wie auch Peter Weiss, der vor allem als Dramatiker (*Die Verfolgung und Ermordung Jean Paul Marats*, *Die Ermittlung*, *Viet Nam-Diskurs*) internationales Aufsehen erregen sollte, haben später stets dankbar ihrer Anfänge in der Casa Camuzzi und des fördernden Umgangs mit Hermann Hesse gedacht.

vicino di Carabbietta, direttamente sulla riva del Lago di Lugano. Per «aiutarlo finanziariamente durante i mesi del suo soggiorno in Svizzera», Hesse gli diede il compito di illustrare, per uno dei suoi amici mecenati, due dei suoi racconti, che Weiss vide nuovamente pubblicati nel 1974 e nel 1977.[45]

Gunter Böhmer, divenuto famoso più tardi quale pittore ed illustratore di libri, così come Peter Weiss che godette di fama internazionale soprattutto come drammaturgo (*Die Verfolgung und Ermordung Jean Paul Marats*, *Die Ermittlung*, *Viet Nam-Diskurs*), ricordarono con gratitudine i loro inizi in Casa Camuzzi ed il sostegno di Hermann Hesse. Nel 1939 Gunter Böhmer si trasferì definitivamente nel castelletto incantato e vi rimase fino alla sua morte avvenuta nel 1986. Le sue vicende in compagnia di Hermann Hesse, occorse nel suo atelier di Casa Camuzzi o a casa di Hesse, sono narrate nei suoi interessanti scritti (nel secondo volume della documentazione *Über Hermann Hesse*, nella raccolta *Hermann Hesse in Augenzeugenberichten* e nel libro *Gunter Böhmer – Hermann Hesse. Dokumente einer Freundschaft*).[46]

L'ex domicilio del poeta divenne un'ulteriore attrazione quando, nel 1944, vi si trasferì il pittore Hans Purrmann (1880–1966). «Pittore degenerato», così era perseguitato in Germania, allievo più conosciuto di Henri Matisse, aveva solo tre anni meno di Hesse e divenne ben presto un buon vicino ed un piacevole compagno di discussione. Assieme trascorsero i natali ed i compleanni e ancora il 2 maggio del 1962, nella sua ultima lettera indirizzata a Hesse, l'allora già famoso pittore, i cui espressivi quadri con la sua allegra e inconfondibile calligrafia diffondevano qualcosa di gioioso e di vitale, scriveva: «Vorrei creare con i colori come fa lei con le parole. Mi si dice che con questi ho creato un paradiso e, non lo so, spesso mi risulta difficile da sopportare e non riesco a vederlo così bello.»[47]

Hans Purrmann dipinse, in sempre nuove varianti, la camera con il balcone che fu di Hesse in Casa Camuzzi, con lo specchio barocco sopra il piccolo caminetto, quale riconoscente riferimento al suo predecessore «Klingsor» ed al suo

> Gunter Böhmer, Federzeichnung, 1934 (Sein Atelier in der Casa Camuzzi)
> Gunter Böhmer, disegno a china, 1934 (il suo Atelier nella Casa Camuzzi)

Gunter Böhmer hat das verwunschene Schlößchen ab 1939 als festen Wohnsitz bezogen und bis zu seinem Tod 1986 darin gehaust. Von seinen Erlebnissen mit Hesse, ob sie sich nun in Böhmers Camuzzi-Atelier oder im Haus des Dichters zugetragen haben, erzählen seine lesenswerten Berichte (im zweiten Band der Dokumentation *Über Hermann Hesse*, dem Sammelband *Hermann Hesse in Augenzeugenberichten* und in dem Buch *Gunter Böhmer – Hermann Hesse. Dokumente einer Freundschaft*).[46]

Einen zusätzlichen Reiz bekam das ehemalige Domizil für den Dichter, als 1944 der Maler Hans Purrmann (1880–1966) in die Casa Camuzzi einzog. Dieser in Deutschland als »entarteter Künstler« verfolgte, prominenteste Schüler von Henri Matisse war nur drei Jahre jünger als Hesse selbst und wurde ihm bald zu einem stets willkommenen Nachbarn und Gesprächspartner. Gemeinsam verbrachte man die Weihnachts- und Geburtstage, und noch am 2. Mai 1962, in seinem letzten, an Hesse gerichteten Brief, schrieb der damals bereits weltweit bekannte Maler, dessen expressive Bilder mit ihrer beschwingten und unverwechselbaren Handschrift etwas Fröhliches und Lebensbejahendes ausstrahlen: »Ihr Gestalten mit Worten möchte ich mit Farben ebenso können. Man sagt mir, daß ich mit diesen ein Paradies schaffe, und weiß nicht, wie auch das so schwer zu tragen ist und oft von mir gar nicht so schön gefunden wird.«[47]

In immer neuen Variationen hat Hans Purrmann Hesses ehemaliges Balkonzimmer in der Casa Camuzzi mit dem barocken Spiegel über dem kleinen Kamin gemalt, als dankbare Referenz an seinen Vorgänger »Klingsor« und dessen van Gogh'sches Selbstportrait. Im Dezember 1953, nach einem seiner Besuche in Purrmanns Atelier, als dieser gleichfalls an einem Selbstbildnis arbeitete, schrieb und widmete ihm Hesse das Gedicht *Alter Maler in der Werkstatt*, das mit den Zeilen endet: »Vom edlen Spiel besessen, / Malt er, als wären's Luft, Gebirg und Bäume, / Malt er gleich Anemonen oder Kressen / Sein Bildnis in imaginäre Räume, / Um nichts besorgt als um das Gleichgewicht / Von Rot und Braun und Gelb, die Harmo-

Gunter Böhmer, Aquarellierte Federzeichnung
(von oben nach unten: Gunter Böhmer, Hans Purrmann und Hermann Hesse)
Gunter Böhmer, china acquarellata
(dall'alto al basso: Gunter Böhmer, Hans Purrmann e Hermann Hesse)

autoritratto alla van Gogh. Nel dicembre del 1953, dopo una delle sue visite all'atelier di Purrmann, mentre quest'ultimo stava anche lui lavorando ad un autoritratto, Hesse scrisse e gli dedicò la poesia *Vecchio pittore nel suo atelier*, che termina con i versi «Preso dall'alto gioco / dipinge, come fosse / aria, collina e alberi, / dipinge come anemoni e crescione / il suo ritratto, in spazi immaginari, / né d'altro cura se non degli equilibri / dei rossi e bruni e gialli, l'armonia / nel contrasto

Hermann Hesse, *Casa Camuzzi*, Federzeichnung, 1930
Hermann Hesse, *Casa Camuzzi*, disegno a china, 1930

nie / Im Kräftespiel der Farben, das im Licht / Der Schöpferstunde strahlt, schön wie noch nie.«[48]

Durch Hans Purrmann und Gunter Böhmer, der ein Stockwerk über diesem die Casa Camuzzi bewohnte, blieb Hesse bis zu seinem Lebensende mit der »noblen alten Ruine« verbunden, die ihm die liebste von allen seinen Behausungen war, weil sie am besten zu ihm passte. So wundert es nicht, dass sein Nachruf auf diese Eremitage der Jahre 1919 bis 1931 gipfelt in den Worten: »Wäre ich in meiner Einsamkeit geblieben, hätte ich nicht nochmals einen Lebenskameraden gefunden, so wäre es wohl nie dazu gekommen, daß ich das Camuzzihaus wieder verlassen hätte.«[49]

dei toni, che risplende / nella luce dell'ora del creare, / bella come non mai.»[48]

Attraverso Hans Purrmann e Gunter Böhmer, i quali abitavano un piano sopra l'altro in Casa Camuzzi, Hesse rimase legato fino alla fine della sua vita alla sua «nobile vecchia rovina», la più amata delle sue residenze e quella che più gli fu consona. Non sorprende allora che nel suo discorso d'addio a questo eremo degli anni che vanno dal 1919 al 1931, terminò con queste parole: «Se io fossi rimasto solo, non avessi trovato un'altra compagna per la vita, non sarei arrivato al punto di lasciare anche la Casa Camuzzi.»[49]

> Blick aus der Casa Camuzzi
> Sguardo dalla Casa Camuzzi

> Hermann Hesse und Ninon vor der neu erbauten Casa Rossa, 1931
> Hermann Hesse e Ninon davanti a Casa Rossa appena costruita, 1931

1	Hermann Hesse, *Beim Einzug in ein neues Haus*, 1931. In: *Hermann Hesse. Sämtliche Werke*, Band 12, herausgegeben von Volker Michels, Frankfurt am Main 2003, S. 149 ff.	1	Hermann Hesse, *Entrando in una casa nuova*, 1931. In: *Hermann Hesse. Il romanzo della mia vita*, Milano 1980, pag. 169 e sgg.
2	Ebenda.	2	Idem.
3	Aus einem Brief von Hermann Hesse an Georg Reinhart vom 11.2.1919. In: *Hermann Hesse. Gesammelte Briefe*, Band 1, in Zusammenarbeit mit Heiner Hesse herausgegeben von Ursula und Volker Michels, Frankfurt am Main 1973, S. 388 f.	3	Da una lettera di Hermann Hesse a Georg Reinhart, 11.2.1919. In: *Hermann Hesse. Gesammelte Briefe*, vol. 1, a cura di Ursula e Volker Michels in collaborazione con Heiner Hesse, Francoforte sul Meno 1973, pag. 388 e sg.
4	Aus einem unveröffentlichten Brief von Hermann Hesse an Alfred Schlenker vom 15.3.1919. Editionsarchiv Volker Michels, Offenbach am Main.	4	Da una lettera inedita di Hermann Hesse a Alfred Schlenker, 15.3.1919. Editionsarchiv Volker Michels, Offenbach am Main.
5	Hermann Hesse, *Kurzgefaßter Lebenslauf*, 1921/1924. In: *Hermann Hesse. Sämtliche Werke*, Band 12, a.a.O., S. 46 ff.	5	Hermann Hesse, *Breve cenno biografico*, 1921/1924. In: *Hermann Hesse. Ispirazioni*, Milano 1996, pag. 15 e sgg.
6	Aus einem Brief von Hermann Hesse an Ludwig Finckh vom 17.1.1920. In: *Hermann Hesse. Gesammelte Briefe*, Band 1, a.a.O., S. 439.	6	Da una lettera di Hermann Hesse a Ludwig Finckh, 17.1.1920. In: *Hermann Hesse. Gesammelte Briefe*, vol. 1, op. cit., pag. 439.
7	Hermann Hesse, *Wanderung. Aufzeichnungen mit farbigen Bildern vom Verfasser*, Berlin 1920. In: *Hermann Hesse. Sämtliche Werke*, Band 11, a.a.O., S. 5 ff.	7	Hermann Hesse, *Voglia di viaggiare*, Berlino 1920. In: *Hermann Hesse. Storie di vagabondaggio*, Roma 2005, pag. 31 e sgg.
8	Aus einem Brief von Hermann Hesse an Carl Seelig, Herbst 1919. In: *Hermann Hesse. Gesammelte Briefe*, Band 1, a.a.O., S. 424.	8	Da una lettera di Hermann Hesse a Carl Seelig, autunno 1919. In: *Hermann Hesse. Gesammelte Briefe*, vol. 1, op. cit., pag. 424.
9	Aus einem Brief von Hermann Hesse an Georg Reinhart vom 31.8.1919 In: *Hermann Hesse. Gesammelte Briefe*, Band 1, a.a.O. , S. 417.	9	Da una lettera di Hermann Hesse an Georg Reinhart, 31.8.1919. In: *Hermann Hesse. Gesammelte Briefe*, vol. 1, op. cit., pag. 417.
10	Aus einem unveröffentlichten Brief von Hermann Hesse an Carl Seelig vom 26.5.1919. Editionsarchiv Volker Michels, Offenbach am Main.	10	Da una lettera inedita di Hermann Hesse a Carl Seelig, 26.5.1919. Editionsarchiv Volker Michels, Offenbach am Main.
11	Hermann Hesse, *Kleiner Garten*, Wien 1919.	11	Hermann Hesse, *Kleiner Garten*, Vienna 1919.
12	Buchbesprechung der Van-Gogh-Monographie von Julius Meier-Gräfe. In: *Hermann Hesse. Sämtliche Werke*, Band 18, a.a.O., S. 271 ff.	12	Recensione di una monografia di Julius Meier-Gräfe su van Gogh. In: *Hermann Hesse. Sämtliche Werke*, vol. 18, op. cit., pag. 271 e sgg.
13	Hermann Hesse, *Erinnerung an Klingsors Sommer*, 1938. In: *Hermann Hesse. Sämtliche Werke*, Band 12, a.a.O., S. 210 ff.	13	Hermann Hesse, *Erinnerung an Klingsors Sommer*, 1938. In: *Hermann Hesse. Sämtliche Werke*, vol. 12, op. cit., pag. 210 e sgg.
14	Aus: *Als Mensch unter Menschen. Vincent van Gogh in seinen Briefen an den Bruder Theo*, Berlin 1959. Aus einem Brief von Vincent van Gogh an Emile Bernard von September 1888. Beides in: *Vincent van Gogh, Briefe über die Kunst*, Köln 1963.	14	Da: *Als Mensch unter Menschen. Vincent van Gogh in seinen Briefen an den Bruder Theo*, Berlino 1959. Da una lettera di Vincent van Gogh a Emile Bernard, settembre 1888. Entrambi in: *Vincent van Gogh, Briefe über die Kunst*, Colonia 1963.
15	Hermann Hesse, *Malerfreude*, 1918. In: *Hermann Hesse. Sämtliche Werke*, Band 10, a.a.O., S. 266.	15	Hermann Hesse, *Gioia del pittore*, 1918. In: *Hermann Hesse. Acquarelli*, Roma 1997, pag. 32.
16	Hermann Hesse *Klingsors letzter Sommer,* 1920. In: *Hermann Hesse. Sämtliche Werke,* Band 12, a.a.O., S. 330.	16	Hermann Hesse, *L'ultima estate di Klingsor*, Milano 1992, pag. 157.
17	*Samuel Fischer/Hedwig Fischer. Briefwechsel mit Autoren.* Herausgegeben von Dierk Rodewald und Corinna Fiedler, Frankfurt am Main 1989, S. 656.	17	*Samuel Fischer/Hedwig Fischer. Briefwechsel mit Autoren.* A cura di Dierk Rodewald e Corinna Fiedler, Francoforte sul Meno 1989, pag. 656.
		18	Hermann Hesse, *Die Besiegten*. Jean Baptist Lurçat, *Die einsamen Liebenden. Geleitwort zu einer Ausstellung von Zeichnungen und Gemälden*. In: *Hermann Hesse. Sämtliche Werke*, op.cit., vol. 18, pag. 94 e sgg. e vol. 9, pag. 396 e sgg.

18	Hermann Hesse, *Die Besiegten*. Jean Baptist Lurçat, *Die einsamen Liebenden. Geleitwort zu einer Ausstellung von Zeichnungen und Gemälden*. In: *Hermann Hesse. Sämtliche Werke*, a.a.O., Band 18, S. 94 ff. und Band 9, S. 396 ff.	19	Hermann Hesse, *Voglia di viaggiare*, Berlino 1920. In: *Hermann Hesse. Storie di vagabondaggio*, op. cit.
19	Hermann Hesse, *Wanderung. Aufzeichnungen mit farbigen Bildern vom Verfasser*, Berlin 1920, a.a.O.	20	Martin Kämpchen, *Hermann Hesse and Kalidas Nag. A Friendship*, Calcutta 1994.
20	Martin Kämpchen, *Hermann Hesse and Kalidas Nag. A Friendship*, Calcutta 1994.	21	Heinrich Wiegand, *Ein Tag mit Hermann Hesse*. In: *Hermann Hesse in Augenzeugenberichten*. A cura di Volker Michels, Francoforte sul Meno 1991, pag. 107 e sgg.
21	Heinrich Wiegand, *Ein Tag mit Hermann Hesse*. In: *Hermann Hesse in Augenzeugenberichten*. Herausgegeben von Volker Michels, Frankfurt am Main 1991, S. 107 ff.	22	Hermann Hesse, *Passeggiata nella mia camera*, 1928. In: *Hermann Hesse. Piccole gioie*, Milano 2001, pag. 201 e sg.
22	Hermann Hesse, *Spaziergang im Zimmer*, 1928. In: *Hermann Hesse. Sämtliche Werke*, Band 14, a.a.O., S. 114 ff.	23	Hermann Hesse, *Ritorno in campagna*, 1927. In: *Hermann Hesse. L'arte dell'ozio*, Milano 1992, pag. 349 e sgg.
23	Hermann Hesse, *Rückkehr aufs Land*, 1927. In: *Hermann Hesse. Sämtliche Werke*, Band 14, a.a.O., S. 16 ff.	24	Manuel Grasser, *Großer Urlaub in Montagnola*. In: *Hermann Hesse in Augenzeugenberichten*, op. cit., pag. 128 e sgg.
24	Manuel Grasser, *Großer Urlaub in Montagnola*. In: *Hermann Hesse in Augenzeugenberichten*, a.a.O., S. 128 ff.	25	Hermann Hesse, *Nubi serali*, 1926. In: *Hermann Hesse. L'arte dell'ozio*, op. cit., pag. 277 e sgg. Qui la versione del *Berliner Tagblatt*, 27.6.1926.
25	Hermann Hesse, *Abendwolken*, 1926. In: *Hermann Hesse. Sämtliche Werke*, Band 13, a.a.O., S. 460 ff. Hier die Fassung aus dem *Berliner Tagblatt* von 27.6.1926.	26	Da una lettera inedita di Hermann Hesse a Emil Molt, 5.12.1919. Editionsarchiv Volker Michels, Offenbach am Main.
26	Aus einem unveröffentlichten Brief von Hermann Hesse an Emil Molt vom 5.12.1919. Editionsarchiv Volker Michels, Offenbach am Main.	27	Da una lettera inedita di Hermann Hesse a Carl Seelig, 12.8.1919. Editionsarchiv Volker Michels, Offenbach am Main.
27	Aus einem unveröffentlichten Brief von Hermann Hesse an Carl Seelig vom 12.8.1919. Editionsarchiv Volker Michels, Offenbach am Main.	28	Da una lettera di Hermann Hesse alla sorella Adele, 22.12.1919. In: *Hermann Hesse. Gesammelte Briefe*, vol. 1, op. cit., pag. 431 e sg.
28	Aus einem Brief von Hermann Hesse an seine Schwester Adele vom 22.12.1919. In: *Hermann Hesse. Gesammelte Briefe*, Band 1, a.a.O., S. 431 f.	29	Da una lettera di Hermann Hesse a Ludwig Finckh, 17.1.1920. In: *Hermann Hesse. Gesammelte Briefe*, vol. 1, op. cit., pag. 439 e sg.
29	Aus einem Brief von Hermann Hesse an Ludwig Finckh vom 17.1.1920. In: *Hermann Hesse. Gesammelte Briefe*, Band 1, a.a.O., S. 439 f.	30	Da un articolo di Emmy Ball-Hennings. Editionsarchiv Volker Michels, Offenbach am Main.
30	Aus einem Zeitungsartikel von Emmy Ball-Hennings. Editionsarchiv Volker Michels, Offenbach am Main.	31	Hermann Hesse, *Autunno*, 1926. In: *Hermann Hesse. Piccole gioie*, op. cit., pag. 158 e sgg.
31	Hermann Hesse, *Herbst*, 1926. In: *Hermann Hesse. Sämtliche Werke*, Band 13, a.a.O., S. 475.	32	Hermann Hesse, *La cura*, Milano 1996, pag. 124.
32	Hermann Hesse, *Kurgast*, 1924. In: *Hermann Hesse. Sämtliche Werke*, Band 11, a.a.O., S. 114.	33	Hermann Hesse, *Chiese e cappelle del Ticino*, 1920. In: *Hermann Hesse. L'arte dell'ozio*, op. cit., pag. 243 e sg. Versione del manoscritto depositato presso il Deutsches Literaturarchiv a Marbach sul Neckar.
33	Hermann Hesse, *Kirchen und Kapellen im Tessin*, 1920. In: *Hermann Hesse. Sämtliche Werke*, Band 13, a.a.O., S. 408 ff. Hier nach der Version des Manuskriptes im Deutschen Literaturarchiv in Marbach am Neckar.	34	Da una lettera inedita di Hermann Hesse a Alice Leuthold, 22.2.1922. Editionsarchiv Volker Michels, Offenbach am Main.
		35	Da una lettera di Hermann Hesse a H. C. Bodmer, 9.9.1922. In: *Hermann Hesse. Gesammelte Briefe*, vol. 2, a cura di Ursula e Volker Michels in collaborazione con Heiner Hesse, Francoforte sul Meno 1979, pag. 31 e sgg.
		36	Hermann Hesse, *Chiese e cappelle del Ticino*, 1920, op. cit.

34 Aus einem unveröffentlichten Brief von Hermann Hesse an Alice Leuthold vom 22.2.1922.
Editionsarchiv Volker Michels, Offenbach am Main.

35 Aus einem Brief von Hermann Hesse an H. C. Bodmer vom 9.9.1922.
In: *Hermann Hesse. Gesammelte Briefe*, Band 2, in Zusammenarbeit mit Heiner Hesse herausgegeben von Ursula und Volker Michels, Frankfurt am Main 1979, S. 31 ff.

36 Hermann Hesse, *Kirchen und Kapellen im Tessin*, 1920, a.a.O.

37 Hermann Hesse, *Madonna d'Ongero*, 1923.
Hermann Hesse, *Madonnenfest im Tessin*, 1924.
Beides in: *Hermann Hesse. Sämtliche Werke*, Band 13, a.a.O, S. 427 und 437 ff.

38 Aus einem unveröffentlichten und undatierten Brief von Hermann Hesse an Ernst Morgenthaler aus den ersten Apriltagen 1927.
Editionsarchiv Volker Michels, Offenbach am Main.

39 Aus einem Brief von Hermann Hesse an Helene Welti vom 25.7.1927.
In: *Hermann Hesse. Gesammelte Briefe*, Band 2, a.a.O., S. 182 f.

40 Hermann Hesse, *Klage um einen alten Baum*, 1927.
In: *Hermann Hesse. Sämtliche Werke*, Band 14, a.a.O., S. 58 ff.

41 Aus einem unveröffentlichten Brief von Hermann Hesse an Bruno Hesse vom 26.5.1930.
Editionsarchiv Volker Michels, Offenbach am Main.

42 Hermann Hesse, *Beim Einzug in ein neues Haus*, 1931.
In: *Hermann Hesse. Sämtliche Werke*, Band 12, a.a.O., S. 134 ff.

43 Aus einem unveröffentlichten Brief von Hermann Hesse an Peter Weiss vom 21.1.1932.
Editionsarchiv Volker Michels, Offenbach am Main.

44 Peter Weiss in seinem Nachwort zu der von ihm illustrierten Ausgabe des Märchens von Hermann Hesse, *Kindheit des Zauberers*, Frankfurt am Main 1974.

45 Hermann Hesse, *Kindheit des Zauberers*, a.a.O.
Hermann Hesse, *Der verbannte Ehemann*, Frankfurt am Main 1977.

46 *Über Hermann Hesse*, in 2 Bänden.
Herausgegeben von Volker Michels, Frankfurt am Main 1976/1977.
Gunter Böhmer – Hermann Hesse: Dokumente einer Freundschaft
Herausgegeben von der Großen Kreisstadt Calw, Calw 1987.

47 Aus einem unveröffentlichten Brief von Hans Purrmanns an Hermann Hesse vom 2.5.1962.
Editionsarchiv Volker Michels, Offenbach am Main.

48 Hermann Hesse, *Alter Maler in der Werkstatt*, 1953.
In: *Hermann Hesse. Sämtliche Werke*, Band 10, a.a.O., S. 576 f.

49 Hermann Hesse, *Beim Einzug in ein neues Haus*, a.a.O., S. 151.

37 Hermann Hesse, *La Madonna d'Ongero*, 1923.
Hermann Hesse, *Festa della Madonna nel Canton Ticino*, 1924.
Entrambi in: *Hermann Hesse. Ticino*, Lugano 1989, pag. 65 e pag. 77.

38 Da una lettera inedita e non datata di Hermann Hesse a Ernst Morgenthaler, primi giorni di aprile del 1927.
Editionsarchiv Volker Michels, Offenbach am Main.

39 Da una lettera di Hermann Hesse a Helene Welti, 25.7.1927.
In: *Hermann Hesse. Gesammelte Briefe*, vol. 2, op. cit., pag. 182 e sg.

40 Hermann Hesse, *Compianto per un vecchio albero*, 1927.
In: *Hermann Hesse. Il canto degli alberi*, Parma 1992, pag. 53 e sgg.

41 Da una lettera inedita di Hermann Hesse a Bruno Hesse, 26.5.1930.
Editionsarchiv Volker Michels, Offenbach am Main.

42 Hermann Hesse, *Entrando in una casa nuova*, 1931.
In: *Hermann Hesse. Il romanzo della mia vita*, Milano 1980, pag. 153 e sgg.

43 Da una lettera inedita di Hermann Hesse a Peter Weiss, 21.1.1932.
Editionsarchiv Volker Michels, Offenbach am Main.

44 Peter Weiss nella sua prefazione all'edizione, da lui illustrata, della favola di Hermann Hesse *L'infanzia del mago*, Roma 1985.

45 Hermann Hesse, *L'infanzia del mago*, op. cit.
Hermann Hesse, *Der verbannte Ehemann*, Francoforte sul Meno 1977.

46 *Über Hermann Hesse*, in 2 volumi.
A cura di Volker Michels, Francoforte sul Meno 1976/1977.
Gunter Böhmer – Hermann Hesse: Dokumente einer Freundschaft.
A cura di Großen Kreisstadt Calw, Calw 1987.

47 Da una lettera inedita di Hans Purrmann a Hermann Hesse, 2.5.1962.
Editionsarchiv Volker Michels, Offenbach am Main.

48 Hermann Hesse, *Vecchio poeta nel suo atelier*, 1953.
In: *Hermann Hesse. Acquarelli*, op. cit., pag. 49 e sg.

49 Hermann Hesse, *Entrando in una casa nuova*, op. cit., pag. 171.